社群营销
引爆粉丝经济

小米的营销模式，
罗辑思维的运营策略

企业营销部人人必备的业务学习手册

社群营销
引爆粉丝经济

李世化 ◎ 著

中国商业出版社

图书在版编目（CIP）数据

社群营销：引爆粉丝经济 / 李世化著 . —北京：中国商业出版社，2016.10
ISBN 978-7-5044-9631-7

Ⅰ.①社… Ⅱ.①李… Ⅲ.①社区 – 市场营销学 Ⅳ.① F713.50

中国版本图书馆 CIP 数据核字 (2016) 第 243186 号

责任编辑：唐伟荣

中国商业出版社出版发行
010-63180647　　www.c-cbook.com
(100053　北京广安门内报国寺 1 号)
新华书店总店北京发行所经销
北京时捷印刷有限公司印刷

*

710×1000 毫米　1/16　18 印张　215 千字
2017 年 1 月第 1 版　　2017 年 9 月第 2 次印刷
定价：42.80 元

* * * *

（如有印装质量问题可更换）

前言 Preface

人们把2015年称为社群元年，如今社群已经成为连接消费者与企业的路径。只有懂得经营社群，每个企业才能够在竞争激烈的商场中占有一席之地。

社会的发展以及互联网的兴起，使整个商界发生了翻天覆地的变化。在不久的将来，传统营销模式可能会完全被社群营销所替代。小米的崛起以及罗辑思维的火爆使社群营销的概念深入人心。

如今人们所说的社群营销本质上就是网络营销。然而，社群营销的实际运营是否如人们想象中的那样简单呢？当然不是，对于企业来说，只有通过实践才能真正掌握社群营销的方法，从而获得利润。

作为传统企业，应该与时俱进，与互联网紧密结合。相信本书会给众多的传统企业提供帮助，使企业轻松获得社群营销的运营方法。

本书为读者拨开社群营销的层层迷雾，化繁为简，以通俗易懂的语言讲述了许多具有参考价值的案例，直述社群营销的核心内容，系统地介绍了社群营销的理念、营销规划以及具体的执行方法。

　　本书既是一本社群营销的理念普及书，也是实际操作的案头指导手册。既可为传统企业向互联网转型指引方向，也有助于互联网企业员工不断进取，更是众多微小企业低成本营销的最佳指南。

目录 Contents

第1章　社群与社群经济

顾客不买单，传统营销日渐式微　　　| 002
全网时代，社群营销风生水起　　　　| 004
社群营销的核心　　　　　　　　　　| 008
粉丝经济的社群运营　　　　　　　　| 011
社群的发展阶段　　　　　　　　　　| 014
移动互联网时代的社群　　　　　　　| 016

第2章　社群营销的目标客户群

什么是目标客户群　　　　　　　　　| 020
目标客户群的分享行为　　　　　　　| 022
建立在信任之上的目标客户群　　　　| 025
目标客户群的信息传播　　　　　　　| 027

第3章　社群营销的互联网入口

网上乐园——论坛　　　　　　　　　| 030
热门话题的传播者——微博　　　　　| 036
社交后起之秀——微信　　　　　　　| 043

互联网"圈子"元老——QQ群 | 057

第4章　自媒体与社群营销

自媒体之微信 | 060

微店与微商城 | 078

自媒体之网红 | 085

自媒体之微博 | 088

第5章　顶级微信社群

微信特有的四大营销功能 | 096

微信群运营 | 100

微信朋友圈 | 104

微信公众号运营攻略 | 110

微信红包 | 115

微课 | 117

微信SEO | 121

京东线上"购物圈" | 123

激活用户参与感 | 126

微信社群运营经典案例 | 127

第6章　强大的QQ社群

QQ社群——强大的营销圈子 | 134

QQ公众号的崛起 | 138

QQ群的社群功能 | 140

QQ群营销攻略 | 147

运用工具，调动社群气氛 | 151

精准的QQ空间 | 153

经典案例：小米两次引爆QQ空间 | 159

第7章　论坛与社群营销

什么是论坛营销 | 164

论坛营销的阵地：知名论坛 | 167

论坛营销策略 | 183

如何做好论坛营销 | 185

论坛营销成功案例："让消费者参与进来"的小米论坛 | 189

第8章　豆瓣小组与社群营销

文艺青年与高知的聚集地 | 192

豆瓣小组，有格调的社群 | 197

运营推广豆瓣小组，提高小组人气 | 201

第9章　知乎与社群营销

高质量的问答社区 | 204

知乎问答 | 206

开设知乎账号有讲究 | 212

知乎营销策略 | 214

知乎H5营销案例 | 218

第10章　社群运营关键策略

打造消费者信赖的品牌 | 222

维护核心粉丝群 | 224

延长群的生命周期 | 225

铸就良好的口碑 | 228

倾听消费者的声音 | 231

从交流中发现兴奋点　　　| 233
　　　让消费者获得参与感　　　| 235

第11章　社群营销经典案例
　　　影响力最大的知识社群——罗辑思维　　　| 238
　　　手机领域的一匹黑马——小米　　　| 242
　　　社群营销大咖——星巴克　　　| 248
　　　万能的大熊——大熊会　　　| 249
　　　小朋友喜欢的凯叔——凯叔讲故事　　　| 252
　　　90号茶室——卤粉汇　　　| 254
　　　我是江小白，生活很简单　　　| 257
　　　有意思的三只松鼠　　　| 264
　　　变装的海尔兄弟　　　| 267
　　　可口可乐的"定制瓶子"　　　| 269
　　　一个分享旅行经历的社群——穷游网　　　| 274

第 1 章　社群与社群经济

随着微信等自媒体平台的迅猛发展,"社群营销"的概念逐渐流行起来。对于传统商家以及"网生代"企业来说,社群营销是拓展业务、宣传品牌、提升知名度的重要方式。

顾客不买单，传统营销日渐式微

管理大师德鲁克曾经说过："大型企业的灭亡，往往不是自身销售体系出问题了，而是客户需求发生了根本性变化。"

在微信等自媒体平台出现之前，以市场为导向的传统企业只需恪守经典的"4P理论"，即将"产品、价格、渠道、促销"作为企业营销的准则，便可以获得巨大的利润。然而，随着新媒体的出现和发展，传统营销方式的弊端也逐渐暴露。

```
         难以满足
         个性化的
         市场需求

            传统营销

 满足市场              难以适应
 需求的时间            注意力经济
 长、速度慢            的发展
```

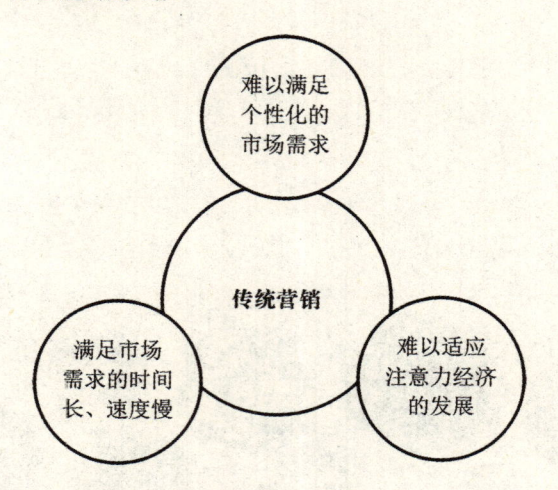

1. 传统营销难以满足"个性化"的市场需求

在传统的消费环境中，由于科技发展速度较慢、消费者需求能力低

导致新产品开发、变更速度缓慢，需求相对稳定，企业只需要在一定阶段内进行市场调查即可了解顾客的需求。

随着市场经济的发展，社会消费能力逐渐加强，人们的需求发生了结构性的变化，"个性化"的需求不断增加。

传统企业的"目标市场"不再明晰，企业与目标受众"越来越远"。

2. 传统营销满足市场需求的时间长、速度慢

传统观念认为，企业的发展和持续赢利的能力受到市场开发和制造能力的约束。

而在互联网经济时代，企业的发展和持续盈利能力则与满足市场需求的时间和速度息息相关，企业需要迅速确认顾客需求、把握市场机遇，并将它们转化为产品和服务。

营销成本的有限性决定了企业了解市场的周期较长，对市场"敏感度"也相对较低。在这一矛盾中，传统企业生产的产品就难以跟上消费者的需求。

3. 传统营销难以适应注意力经济的发展

随着信息爆炸时代的到来，人们的注意力和时间被分割成了许多部分，"注意力"已经相应地成为一种十分稀缺的资源。

尤其是随着自媒体的兴起，它打破了传统的营销范式，将"顾客"提高到了前所未有的高度，"话语权"越来越掌握在消费者手中，传统企业面临着前所未有的挑战。

因此，在新媒体环境下，遵循传统营销观念的企业不仅成本增大，还面临着"顾客不买单"的尴尬境遇，企业的利润空间不断缩小，许多企业开始探索"网生代"的营销策略。

全网时代，社群营销风生水起

在企业营销不断"被迫"转型的过程中，社群营销的优势逐渐显露，传统企业也从当初的被迫转型变成了主动迎接。

那么，社群营销究竟有何魅力呢？

先来看看以下几个令人瞠目结舌的案例：

My BMW Club用不到5年的时间，吸引了近20万的粉丝，覆盖全国34个省、市、自治区，实现了数倍的销售额。

2013年，红米手机在QQ空间开售，实现了10秒卖出80万台的惊人销量。

2012年，罗辑思维公众号正式运营，几年内就吸引了数百万粉丝，从书籍到视频脱口秀，都得到了粉丝的热烈追捧，2015年10月，罗辑思维完成B轮融资，估值13.2亿元人民币。

以上几个案例都是社群营销的成功典范，它们完成了许多传统企业都梦寐以求的一件事——用最少的成本实现了最大的利润。

社群营销的魅力，可以总结为以下四点：

| 低成本实现利润最大化 | 直击心灵的精准营销 | 病毒式的口碑传播 | 高效率的圈子传播 |

1. 低成本实现利润最大化

相对于动辄上千万元投入的传统营销方式而言，社群营销低成本、高回报的优势是显而易见的。

在传统的营销人看来，如何让更多的人知道自己的产品并将其转化为购买力是营销的重要工作。

而在社群中，每一个个体都是购买力与传播力的结合体，不管是"购买"还是"传播"，用户都能为企业带来巨大效益。

2. 直击心灵的精准营销

"广撒网，多敛鱼，择优而从之"代表了传统的营销模式，但"广撒网"的高昂成本是最初采取社群营销的小微企业或个人难以承受的。因此，它们必须在采取轰炸式营销的大企业中寻找突破口，而这个突破口，就是内容。

在"乱花渐欲迷人眼"的各种夸张的营销理念逐渐褪去之后，"内容为王"的时代再度回归。人们开始重新追求"干货"，追求"品质"，追求能触动心灵的内容。因此，直击心灵的精准营销也变得异常重要。

而精准营销也为许多企业找到了营销的新方向，将"硬广"变成"软广"，从"茫茫人海"转向"特定社群"，这不仅节省了成本，更为企业带来了众多的"目标客户"，企业只需用少量的营销成本即可实现最精准的产品信息扩散。

3. 病毒式的口碑传播

口碑对于一个企业的长远发展来说是至关重要的，它不仅能在短时间内提高销量，还能铸就品牌、助力企业的长期发展。

而社群营销往往就能为企业带来有效的口碑传播。那么，企业到底如何实现口碑传播呢？在互联网时代，我们获取的许多信息都是筛选过后的信息，有的是互联网自动筛选的，也有的是由熟人进行筛选的。我们对熟人筛选的信息拥有一种天然的好感，这种好感，就是转化为口碑的最初动力。

4. 高效率的圈子传播

在数学领域有一个猜想，名为Six Degrees of Separation（六度空间理论）。该理论认为：你和任何一个陌生人之间所间隔的人不会超过六个，也就是说，最多通过五个中间人你就能够认识任何一个陌生人。这也是社群建立的基础。

可以这样说，我不认识马云，没关系，通过我的朋友的朋友的朋友……最终我能认识马云。在互联网时代，六度空间理论实现的可能性更大。

与传统营销相比，社群营销则是一种基于六度空间理论的营销，它更看重其在小圈子中的影响力。

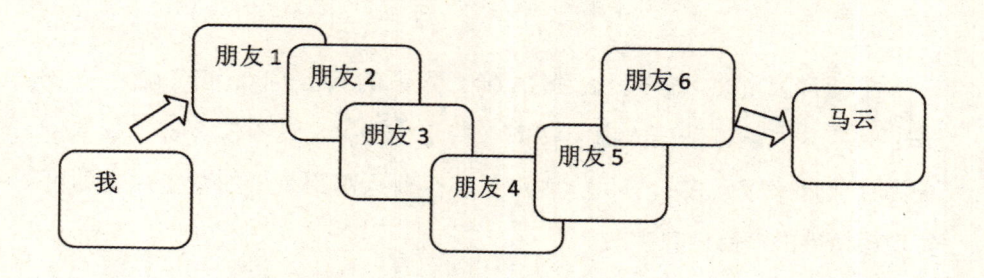

我 → 朋友1 → 朋友2 → 朋友3 → 朋友4 → 朋友5 → 朋友6 → 马云

社群的本质是连接，由手机端和PC端构筑的新媒体环境彻底突破空间和时间的限制，将人与人之间联系在了一起，且这种联系通常是一种基于熟人的联系。

熟人间是如何进行传播的？只要我们细心观察身边的事例，就可以发现，传播有用信息是熟人传播的重要手段。

首先，要弄清楚一点，对于用户来说，什么是有用信息？例如：在一个吃货看来，美食攻略是有用信息；对于一个手机控来说，手机测评是有用信息；对于一个爱好文学的用户来说，美文分享就是有用信息。

因此，如果能抓住用户的诉求点，在这个基础上包装自己的内容，那么，用户自然也会愿意替我们传播。毕竟，每一个用户都希望在圈子中表现出自己的"精通"并与圈子里的人分享有用的信息和知识。

而出于对熟人的相对了解，在咨询信息、购买产品等方面也更为信任。如果能获得一个用户的信任，那么，熟人传播的力量往往会超乎你的想象。

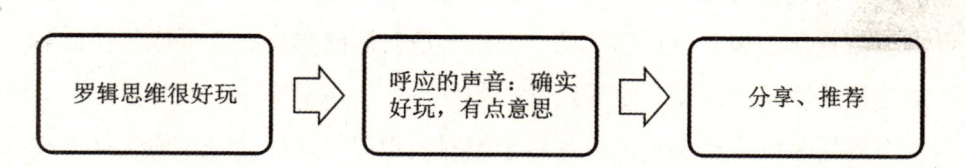

| 罗辑思维很好玩 | ⇒ | 呼应的声音：确实好玩，有点意思 | ⇒ | 分享、推荐 |

社群营销的核心

人是一种群居的社会动物，有社交需求。当人与人之间以虚拟的方式连接在一起时，会产生特殊的社会关系和联系，是人们能够留在虚拟世界的核心根本，由此产生了人们常说的社群，而社群就是一个虚拟的圈子。

无论是在现实世界还是在虚拟世界，所有的社群关系都遵循着特定的规则。起初，社群成员会潜水一段时间。学会社群江湖的规则之后，成员就开始积极参与社群活动。经过一段时间的参与，某个成员可能会成为社群领导，获得一定的地位。

概括来说，社群营销就是基于相同或相似的兴趣爱好，通过某种载体聚集人气，通过产品或者服务满足群体需求而产生的商业形态。

从字面上理解，社群营销就是在某个社群中进行营销。其实，社群营销就是一种区域性营销方式。这种区域，可以是现实生活中的某个社区，也可以是某个网络平台。

■ 社群营销连接企业和消费者

社群营销是互联网时代的变革，把曾经以"流量"为核心的营销方式转变成以"人"和"群"为本的营销模式，把场景、小而美等多种模式带到了企业的面前。社群营销的出现，使企业的营销效率越来越高，拉近了企业与消费者之间的距离。

社群营销是一种全方位的营销活动，包括市场调查、产品选择、人员组织、广告宣传、市场公关等。

社群营销是一个新型的营销渠道，集宣传、推广、体验于一身，有着其他营销方式没有的优势。

```
         市场调查
    市场公关    产品选择
         社群营销
    活动开展    人员组织
         广告宣传
```

在互联网被广泛应用的时代，通过社群，人们可以分享很多信息，这就为营销者提供了推广信息的平台。

除了现实生活中的社群之外，微信公众号、微博、QQ空间等都可以成为社群。只是，这种社群是网络上的虚拟空间。

在网络社群中，人们可以把平时不愿意说的话说出来，会主动分享一些有用的信息，因此，企业或个人在网络社群中推广产品变得异常容易。

例如：很多人都开通了微信，如果一个人把某个企业的微信公众号转发到朋友圈，朋友看到了，觉得不错，也会分享到自己的朋友圈。就这样，信息流动起来，产品的宣传自然就成功了。

其实，可以把社群营销看成是网络营销。所有在虚拟网络中形成的圈子，都可以作为营销的平台。

■ 分清社区和社群

不太了解社群的人，也许会把社区看成是社群。要想通过社群来营销，就要区分社区和社群。

社区强调的是人与人在物理空间中的联系，比如：两个人住在同一个小区，就是位于一个社区内。

在互联网时代，人与人之间在网络上的沟通形成了社群。随着网络和智能手机的普及，人们的联系越来越依赖社群关系，因此社群营销成为企业和个人营销者喜欢的营销方式。

在现实生活中，就算两个人是邻居，住了几年都可能还不认识彼此，营销从何谈起呢？而在虚拟的网络世界，人们更愿意交流，所以社群就是一个网络平台中的营销圈子。

■ 社群营销的核心

社群营销的核心是"人"，产品和服务是其次的。通过赋予品牌人格化的特征，企业可以使消费者保持对品牌的情怀。

人与人在网络中相互交流，使信息流动起来。如果"人"愿意分享信息，那么就会促使消费者产生购买行为。如今，那些在微信朋友圈传递的信息有的就是一则则软文广告。如果一则"广告"受到了一个人的青睐，就会有很多人看到这则广告。

广告的传递，就是信息的传递。通过信息的传递，人与人之间在无形中建立了稳固的关系，企业也可以成功地把产品营销出去，可谓两全其美。

粉丝经济的社群运营

企业可以对粉丝经济开展社群运营，下面举例说明。

1. 豆瓣网

2005年3月，杨勃创建豆瓣网。豆瓣网的出现，使许多兴趣爱好相同的人找到了组织，于是豆瓣网开始病毒式扩张。

豆瓣网创始人杨勃的影响力很大，在豆瓣网有很多追崇者。杨勃确立了一个原则，即"最核心的内容是围绕个人产生的"，还制定了"去中心化"的战略。

从2006年开始，豆瓣的规模每年都大幅增长，兴趣社区也逐渐多元化。

2. 万科社群化运营

万科起初是卖标准化的房子，业务员都经过训练，是销售中的主要力量。后来，万科做论坛"万客会"，制定了积分制，这样可以让一些老用户做口碑营销。

建立万科"万享会"的微信服务平台，凡是进入这个平台的人，会成为万科确认的注册经纪人。当注册经纪人了解到其他人的购房需求之后，可以通过"万享会"向万科推荐。生意成交之后，万科会向推荐人支付佣金。

其实，每一个购房者的背后都隐藏着一些潜在客户。能够做到"全民营销"，获取丰富多元的客户渠道，对于企业来说，这是非常成功的。

近年来，国内房地产商集中掀起一阵移动互联网热潮，想要通过移动互联网整合周边业务。社区APP几乎成为许多地产商或物业的标准配置，这其中就包括万科。万科推出了社区生活APP"住这儿"，通过"住这儿"打造物业服务、社区交流以及商圈服务平台的O2O闭环商业，面向的用户只是万科业主和住户群体。其实，这就是万科自己的专属APP，通过这款APP打通万科、业主之间的关系。

通过万科的社区APP，用户可以清晰掌握所在小区的最新公告，及时了解所在小区的动态，例如：停水、停电以及维修等信息。这样，就算业主不在小区，也可以及时知晓小区的动态。

"住这儿"整合了社区用户的生活服务产品，注册用户不仅可以发起帖子，还可以进行评论。社区用户之间可以分享美容美发信息，进行交流或发起相关活动，这在一定程度上增进了邻里之间的关系，邻居之间不再是陌生人。

举例来说一下"住这儿"。有个人想跳舞，就可以在"住这儿"上面发帖子，然后就会有许多业主一起响应，在跳舞的过程中可以结识志同道合的人。

社区网络不仅可以提升社区服务，还可以增强企业品牌与业主黏度，隐藏着巨大的利润空间。

总结来说，企业社群运营之路是这样的路径：受众→用户→粉丝→社群。可以说，这条运营之路是各行各业开展互联网营销需要努力的目标。

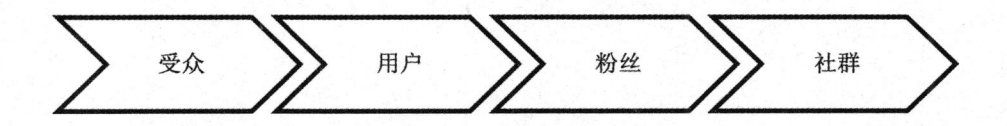

> 受众 > 用户 > 粉丝 > 社群 >

社群的发展阶段

在中国互联网市场，社群经历过三个阶段，即社群1.0、社群2.0以及社群3.0三个阶段。

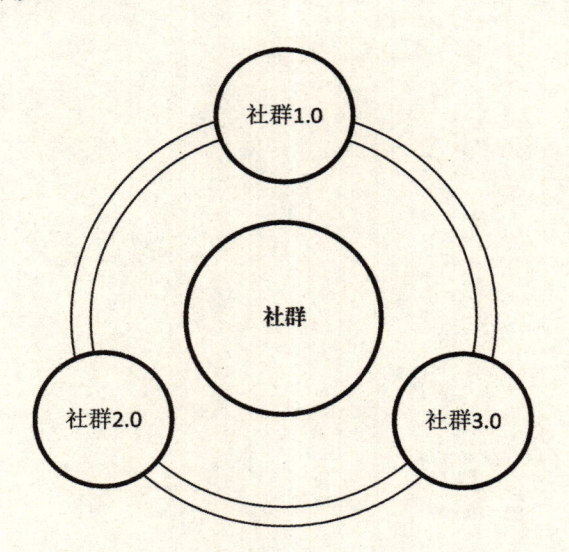

社群1.0模式以2002年腾讯QQ群首创的群聊形态为代表，基于互联网人群聚集、信息互通与传递为核心目的；社群2.0阶段是基于共同兴趣的

陌生人社群崛起，社群运营者的差异化策略，逐渐形成社群独有的文化效应和归属感，品牌号召力日益显著；社群3.0时代就是移动社群时代，这个时代以连接一切为目标，包括人的聚合，以及连接信息、服务、内容和商品载体。

相关数据显示，截止到2015年6月，中国网民规模达6.68亿，其中手机网民规模达5.94亿。在所有网民中，使用手机上网的人群比例提升到88.9%。

随着手机终端的大屏化和手机应用体验的不断提升，手机作为网民主要上网社交互动终端的趋势越来越明显。移动互联网时代的到来，使网络社群呈现出强烈的移动化趋势，这为社群的爆发带来了契机。

移动互联网时代的社群

社群是有生命周期的,企业应该根据社群的生命周期来进行营销,让其发挥最大的价值。

■ **社群的生命周期**

一般情况下,社群会经历下图中的几个时期。

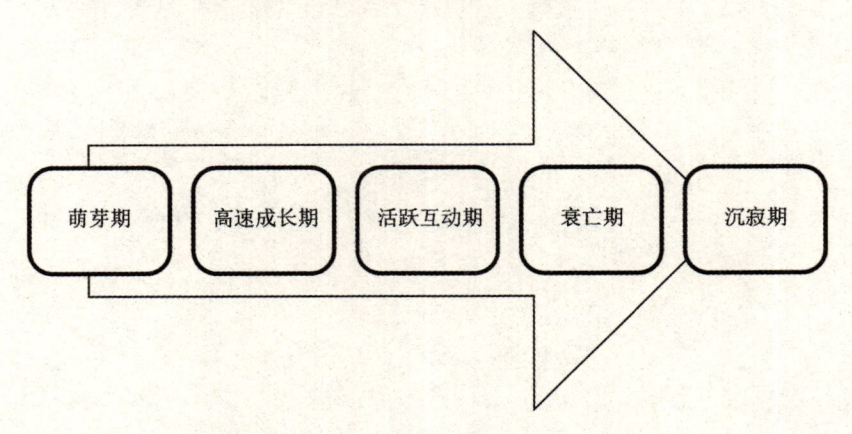

萌芽期 → 高速成长期 → 活跃互动期 → 衰亡期 → 沉寂期

社群在经历了高速成长期、活跃期后,走向衰亡期是必然的,这主要因为以下几点原因:

（1）在两年内，社群的运营给社群成员带来的新鲜红利会消失殆尽。

（2）在两年的生命周期内，一个群已经完成了商业价值的转换。即使企业品牌有忠实的粉丝，产品也在不断地升级换代，在两年时间内，该挖掘的商业价值也被挖得差不多了，若继续维护社群，成本会超过回报。

（3）能够导致社群走向沉寂的原因有两个：一个原因是群主未达成目的而不再维护；另外一个原因是群员的需求未满足而不再活跃。

■ **移动互联网时代社群更活跃，周期更长**

一般来说，没有哪个社群会一直昌盛。然而到了移动互联网时代，社群不再遵循这样的规则，因为移动时代的社群有四方面的变化。

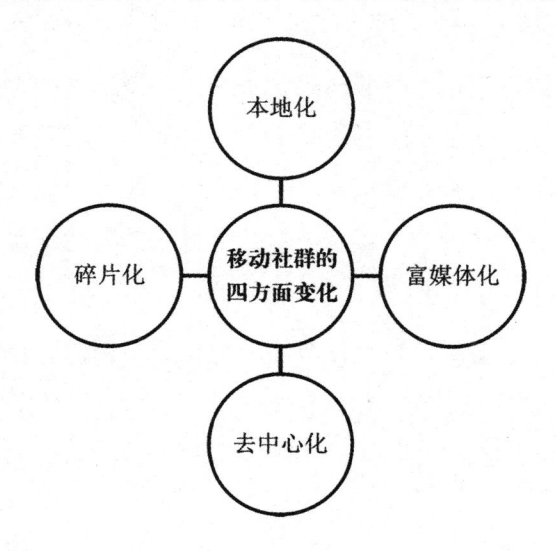

```
        本地化
         |
碎片化 — 移动社群的 — 富媒体化
        四方面变化
         |
        去中心化
```

1. 社群的本地化

本地化，即基于地理位置获取新的好友，建立好友关系，使虚拟世界和现实物理世界的关系变得紧密。网络社群不再是线下关系的补充，已经变成了交融，这可以使社群关系不断地拓展。

2. 社群的碎片化

碎片化，即社群用户能随时随地编写内容和互动，社群用户的活跃度与早期的社群有所区别，用户积极参与社群活动需要一个长期的适应过程。

3. 社群的去中心化

去中心化，即社群用户形成了丰富的兴趣和话题标签。整个社群可以自发地进行生长，意见领袖在社群中的重要程度正在下降。

4. 社群的富媒体化

富媒体化，即和以往相比，社群内部信息生产和发现出现了很多不同的玩法，任何人都能进行内容生产和传递，这延长了社群的存在价值。

"移动社群时代，产品型社群、兴趣型社群、品牌型社群、知识型社群、工具型社群、相互交融的社群生态也如雨后春笋般风起雨涌，移动社群的规模、玩法和力量都即将迎来一场大爆炸，在这里存在大量的未知机遇。"这是财经作家吴晓波对社群经济的商业前景给出的评价，预言社群经济将迅速崛起。

社群经济迅速崛起，整个社会将发生翻天覆地的变化。电商、微商等多种不同形式的商家都将通过社群营销进入新的经济时期。

第 2 章　社群营销的目标客户群

在社群营销中，有了目标客户群，信息才能得以传播。若目标客户群数量庞大，那么信息传播的效果会更好。在营销的过程中，寻找目标客户群至关重要。企业应该根据品牌、产品以及企业形象来定位，寻找目标客户群，而不是盲目地在互联网平台上推广产品。

什么是目标客户群

任何企业都是通过向产业链下游提供产品或者服务来获取社会认同及股东收益的，我们把这些购买企业产品的人称为客户。在许多情况下，企业无法将产品功能丰富到可以满足所有客户的境界，不能在整个同行业市场中实现价值传递。因此，企业针对自身的能力向特定的客户提供具有特定内涵的产品价值，这些特定的客户就是目标客户群。

随着中国经济市场化程度的不断加深以及买方需求的多样化趋势，市场细分成为了中国经济成熟的标志。为了满足消费者日益细化的需求而衍生出许多细分行业，这使得单元产业的价值链条越来越长。只有针对目标客户群的细分需求进行产品定位，才可以打造企业的核心竞争力。

■ 定位目标客户群

在制定营销方案的时候，企业面临的最大问题就是"把产品卖给谁"。只有准确定位目标客户群，企业才能销售出更多的产品。

中国市场十分广阔，消费者很多。因此，企业定位目标客户群的时候，应该针对所有客户进行初步判别。

确定目标客户群时，应该关注企业的战略目标。战略目标包括两方面内容，一方面是寻找企业产品所针对的具有共同需求的消费群体，另外一方面是寻找可以帮助公司获得期望收益的消费群体。

通过对大众收入、年龄、地域等多方面进行分析，可以把所有消费者进行初步细分。要筛选掉那些因经济能力、地域限制、消费习惯等原因而无法为企业创造销售收入的消费者，保留那些可能产生购买行为的消费群体。对那些可能形成购买行为的消费群体进行分解，分解时可以把年龄层次、购买力水平、消费者的消费习惯作为依据。进行初步分析之后，经过筛选而保留下来的消费群体还需要进一步细分。

对目标客户群进行二次细分，可以结合小规模的客户调查，对已经初步确定的战略目标客户群体进行分解。在分解的过程中，应该以年龄层次、购买频率等为分解标准，以此帮助企业最终确认目标客户群。

■ 分析目标客户群的需求

企业定位了目标客户群之后，接下来就需要明确向该目标客户群提供的产品价值。企业需要从多个角度来了解目标客户群对产品的不同需求。

企业可以通过以下的方法来分析目标客户群的需求：

（1）可以把地理分析、人口统计、行为研究、心理研究以及需求研究的数据结合起来，分析目标客户群的需求。

（2）通过一些技巧对目标客户群进行调查、研究，例如：组织座谈会、发放调查问卷、进行家庭访问或者组织训练营等。

（3）除了功能利益之外，了解一下消费者还需要什么产品体验，例如：未被重视的心理优越感、未满足的个性需求等。

目标客户群的分享行为

有人的地方，就有买卖。人多的地方，产品会卖得更好。在销售产品的过程中，消费者的分享行为至关重要。例如：消费者A购买了一条时尚的裙子，消费者C看到了，C觉得A买的裙子特别好看，C也去买了一件。这就是消费者的分享行为。

口口相传的分享行为，其实就是所谓的"口碑营销"。在很多企业的产品推广中，口碑营销都是一大利器。

在社群营销中，企业定位了目标客户群之后，目标客户群就会产生分享行为。分享是互联网的一个特征，直接改变了传统的营销模式。

传统的营销模式遵循关注（Attention）、兴趣（Interest）、渴望（Desire）、记忆（Memory）以及购买（Action）。而互联网时代的营销模式遵循关注（Attention）、兴趣（Interest）、搜索（Search）、购买（Action）以及分享（Share）。

传统的营销模式:关注、兴趣、购买、渴望、记忆

互联网时代的营销模式:关注、兴趣、分享、搜索、购买

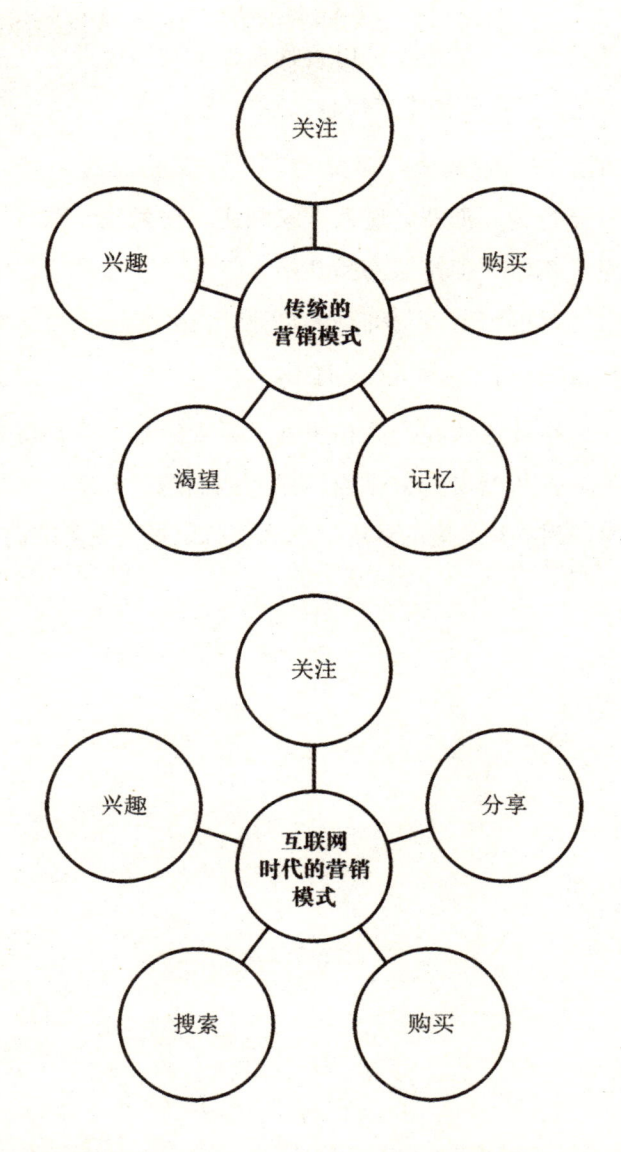

在网络社群营销中,让客户购买产品并不是营销的最终目的,让客户在购买产品之后进行分享才是最终目的。

传统的营销是自上而下单线条的,消费者之间几乎是平行的,除非不同的消费者在现实生活中有交集,否则不会有太多关于产品的信息交

流。而在网络营销中，消费者可以接收到许多网络用户对产品的看法，分享成为了可能，并在营销中变得越来越重要。

消费者在京东、亚马逊、唯品会等网站购物之后，可以评论、晒单，这就是分享行为。消费者进入一家网店，搜索到一款自己想要的产品，第一感觉还不错，但是对商品并不太了解，在这种情况下，可以查看已经买过该商品的消费者对商品的评论。在评论区，可以看到各种各样的评论，然后决定是否要购买该商品。

总而言之，企业应该在产品和服务上寻求突破，为消费者提供最佳的购物体验，刺激消费者的兴奋点，促使他们进行分享。如果消费者发布的分享信息表明了对品牌的认可，那么就可以吸引更多的消费者。

建立在信任之上的目标客户群

在网络时代,消费者每天都会看到许多的广告,似乎已经对网络中的广告产生了"免疫力",铺天盖地的广告难以触动消费者的内心。很多时候,对消费者的购买决策起作用的并不是广告,而是网友的评论。

网络社区的出现,彻底改变了人们传统的社交方式。这种虚拟的社交方式脱离了一定的社会情境,导致传统的人际信任观发生了改变。

在网络社区中,网友之间不在乎年龄、性别、身份。只要大家有共同的兴趣爱好、共同的话题,就可以成为相互信任的朋友,现实生活中那些束缚人际交往的条条框框在网络中根本不起作用。

一些因共同兴趣爱好而形成的微博粉丝、微信好友,他们有着长期的交往、共同的认知,因此他们之间的交流对营销具有一定的影响力。

对于广大的消费者而言,有时候,企业宣传的可信度不如网友的介绍与评价。如果企业想让网友对产品进行正面的介绍与评价,就要保证产品质量,为消费者提供无微不至的服务。这样,企业的产品才可以获得消费者的信任,他们才会给商品好评。

有了消费者的信任，借助这些消费者的分享行为，企业就可以对目标客户群展开进一步的营销，销售出更多的商品。

人无信而不立，企业获得了目标客户群的信任之后，才能进行长期的营销，从而获得长远的利益。

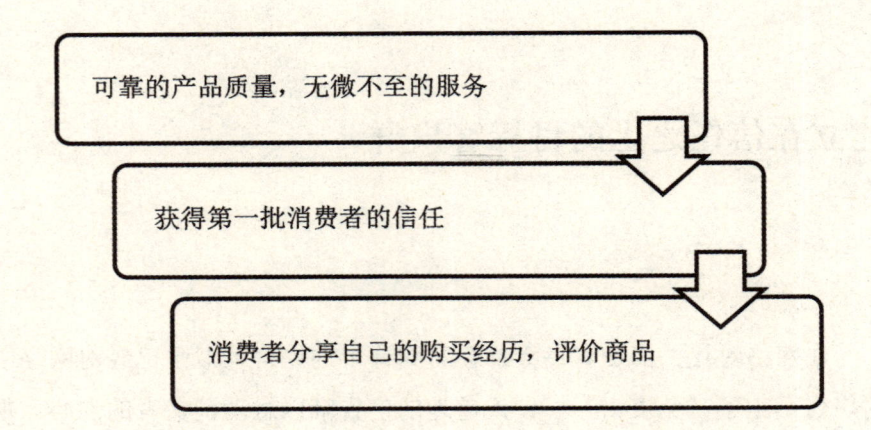

可靠的产品质量，无微不至的服务

↓

获得第一批消费者的信任

↓

消费者分享自己的购买经历，评价商品

目标客户群的信息传播

与现实生活中的社区相比，网络社区有一个优势，即没有时间和地域的限制。无论网络社区中的两个人相隔多远，随时都可以分享信息。网络社区中信息的传播速度比现实社区的宣传推广速度要快。

网络社区有着十分强大的传播能量，网络社区中的每一个人，既是信息的接收者，也是信息的传播者。与传统媒体时代的"口口相传"不同，网络中的信息传播速度更快、范围更广、持续时间更长。

另外，网络中的信息传播成本较低。就传统的传播媒介来说，无论是报纸、电视，还是海报、宣传单，都需要一定的费用，还要安排人员进行推广工作。而网络社区中的信息传播几乎是零成本，只要打造好内容，在网络平台中发布内容，所有在网络社区中的人都可以看到内容。

需要注意的是，如果想要使网络社区中的内容被广泛传播，就要使宣传内容有足够的吸引力，这样，信息才可以在目标客户群中分享。

在内容的打造上，应注意以下几点：

(1) 内容要新颖

营销内容应与当下的流行要素结合起来，例如：流行的电视剧、流行的网络词语或者是全民热议的事件。

(2) 内容要简洁

凡是在目标客户群中传播的内容，都要简洁。一般来说，简洁的信息更容易让人接受，别人更容易记住，传播起来就更快。

(3) 内容要有趣

充满趣味性的网络信息更容易吸引人，若目标客户群感到信息十分有趣，就会主动去传播。

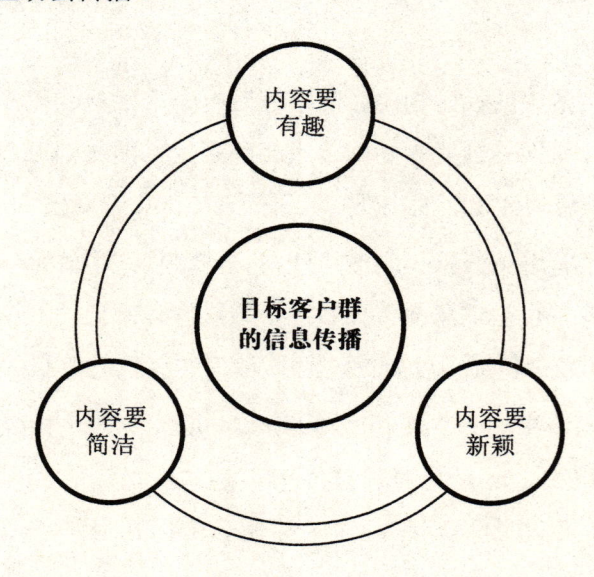

第 3 章　社群营销的互联网入口

社群营销需要有媒介才能成功地进行。可以说，人们通过互联网交流的所有平台都可以称之为媒介，如论坛、微博、微信、QQ等，这些网络平台都是社群营销的互联网入口。

网上乐园——论坛

论坛是社群营销的互联网入口之一。那么，什么是论坛呢？

我们可以把论坛简单地理解为发帖、回帖的平台，人们可以在论坛上讨论各种话题，用户可以在论坛上获取各种信息服务，还可以发布信息、讨论信息、与人聊天等。

论坛由站长（创始人）创建，设立各级管理人员对论坛进行管理，管理人员包括论坛管理员（Administrator）、超级版主（Super Moderator）、版主（Moderator）。一般来说，超级版主可以管理所有的论坛版块，而普通版主只能管理特定的版块。

论坛是深受人们喜欢的网络平台，它有着几个特别的作用，这为企业和个体营销者的论坛营销奠定了坚实的基础。

随着互联网的发展，论坛已经成为社群营销的互联网入口之一。与传统营销相比，通过论坛来宣传产品能够节约很多广告费用。另外，搜索引擎的大量使用会增强搜索率，因此宣传的效果比传统的广告效果要好一些。

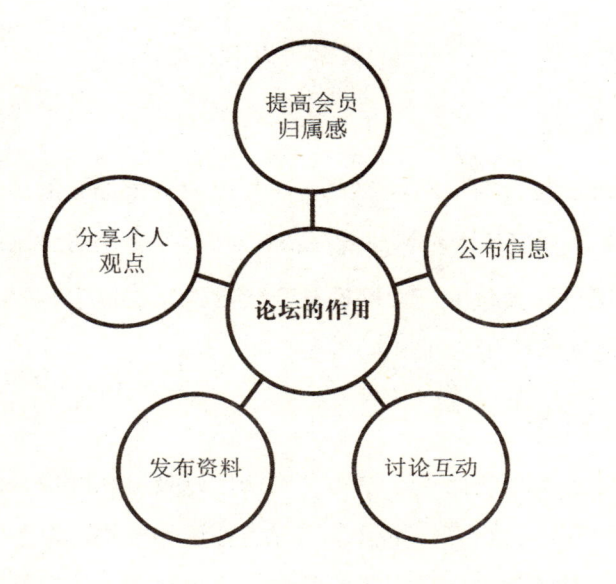

```
           提高会员
           归属感

  分享个人              公布信息
   观点      论坛的作用

      发布资料      讨论互动
```

论坛营销与传统营销模式不同，论坛营销有着独特的互动方式。在传统营销模式中，企业与消费者之间没有互动，营销手法较为单一。而论坛营销则可以根据企业产品的特性、特定的目标客户群、特有的企业文化来加强互动。论坛营销形式多样，避免了传统营销模式的单一化。

论坛营销的产生为传统营销模式注入了新鲜血液，为企业营销者开辟了一种新的营销思路。论坛营销为企业开启了占领市场、推广品牌、营销产品、获得利润的全新模式，让处于创业初始阶段的企业多了一条进入市场、开拓市场的途径。

■ **论坛的分类**

论坛的发展速度很快，如今，论坛几乎涵盖了人们生活的各个方面，几乎每个人都能找到自己感兴趣或者需要了解的专题性论坛。综合性门户网站或者功能性专题网站都开设了论坛，这样可以与网友多交流，增加互动性。

根据论坛的专业性，可以将其分为以下五类。

1. 综合类论坛

综合类论坛包含的信息较为丰富，可以吸引大部分网民。但是，由于信息面广，所以这样的论坛往往存在着一些弊端，不能面面俱到。

一般情况下，大型的门户网站都有人气以及后盾支持。但是，对于一些小规模的网络公司，则倾向于选择专题类论坛。

2. 专题类论坛

相对于综合类论坛而言，专题类论坛可以吸引志同道合的人一起交流，大家相互探讨，这有利于信息的分类整理和搜集。对于规模比较小的企业来说，专题类论坛是更好的选择，例如：购物类论坛、军事类论坛、动漫论坛等，这样的专题类论坛可以在单独的领域中进行版块的划分设置。

3. 教学型论坛

教学型论坛就像一些教学类的博客，主要是对知识的传授。在计算机软件等技术类的行业，教学型论坛发挥着十分重要的作用。通过在论坛中浏览帖子、发布帖子，可以迅速在网上与一些人进行技术性的沟通和学习。

4. 推广型论坛

推广型论坛通常不太受网民的欢迎，这样的论坛会以广告的形式为企业或某种产品进行宣传推广。

自2005年起，推广型论坛就已经建立起来。但是，这类论坛往往不太吸引人，寿命较短。

5. 地方型论坛

在所有论坛当中，地方型论坛是娱乐性与互动性较强的论坛之一。无论是大型论坛中的地方站，还是专业的地方论坛，都有十分强烈的网民反响，例如：运城论坛、长沙之家论坛等。

地方型论坛可以拉近人与人之间的距离，对网民的地域也有一定的限制。地方型论坛中的人大多来自相同的地方，共同的话题较多，因此这样的论坛受到许多网民的欢迎。

■ 论坛的特点

企业之所以能用论坛来进行营销，是因为论坛有着一些适合营销的特点。下面来说一下论坛的几大特点。

1. 论坛具有超高人气

论坛具有超高人气，能为企业提供营销传播服务。而论坛话题具有开放性，企业的所有营销诉求几乎都能通过论坛传播来有效地实现。

2. 论坛帖子可高效传播

专业的论坛帖子在论坛空间能够高效传播，包括：置顶帖、普通帖、连环帖以及视频帖等。

3. 论坛具有聚众能力

论坛活动有着十分强大的聚众能力，企业可以利用论坛作为平台，举办各种活动，包括：踩楼、灌水、上传视频等，通过活动来调动网友与企业之间的互动。

4. 论坛的传播效应强大

通过策划网民感兴趣的活动，企业可以将客户的品牌、产品以及活动内容植入传播内容中,产生持续的传播效应。

5. 充分利用搜索引擎内容编辑技术

利用搜索引擎内容编辑技术,在主流搜索引擎上可以快速寻找到发布的帖子。

■ 论坛营销的四大策略

为了促进消费者进行购买,企业应该及时在网站发布促销信息、新产品信息以及公司动态。为了使消费者的购买更加方便,企业应该提供多种支付模式,让消费者在支付时有更多的选择。企业开设网站的时候,应该设立网络店铺,这样可以获得良好的销售效果。

企业开展论坛营销,应遵循产品策略、价格策略、促销策略以及渠道策略等策略。

1. 产品策略

企业要使用论坛营销方法,必须明确自己的产品或者服务项目,明确哪些是网络消费者选择的产品,定位目标群体。产品网络营销的销售费用远低于其他销售渠道的销售费用,因此企业如果产品选择得当,可以通过论坛营销获得更大的利润。

2. 价格策略

在论坛营销中,价格策略不容忽视,价格策略也是最为复杂的问题之一。论坛营销价格策略是成本与价格的直接对话,由于信息的开放性,消费者很容易掌握同行业各个竞争者的价格,如何引导消费者作出购买决策是关键。

企业应注重强调自己产品的性能价格比,以及与同行业竞争者相比，自身产品的特点有哪些。

除此之外，由于竞争者的冲击，论坛营销的价格策略应该适时调整，企业在不同的阶段营销目的不同，可制定不同的价格。例如，在自身品牌推广阶段可以以低价来吸引消费者，在计算成本基础上，减少利润而占有市场。品牌价值积累到一定阶段后，制定价格调整系统，降低成本，根据成本变动情况、市场供需状况以及竞争对手的报价来适时调整价格。

3. 促销策略

论坛营销还有自身的促销策略，以网络广告为代表。网上促销没有传统营销模式下的人员促销或者直接接触式的促销，取而代之的是使用大量的网络广告等软营销模式来达到促销效果。这种做法对于企业来说可以节省大量人力和财力支出。

通过网络广告效应可以在更多人员到达不了的地方挖掘潜在消费者，可以通过网络的丰富资源与非竞争对手达成合作联盟，以此拓宽产品的消费层面。论坛促销还可以避免现实中促销的千篇一律，可以根据本企业的文化，与帮助宣传的网站的企业文化相结合来达到最佳的促销效果。

4. 渠道策略

渠道策略也是不可忽视的，论坛营销的渠道应该是本着让消费者方便的原则设置。为了在网络中吸引消费者关注本公司的产品，可以将本公司的产品联合其他企业的相关产品作为自己企业的产品外延，相关产品同时出现会更加吸引消费者的关注。

热门话题的传播者——微博

什么是微博呢？微博是一种可以通过电脑上网、即时通讯软件链接或手机短信来撰写的"微型博客"，它允许任何人阅读或者只能由用户选择的群组阅读。

微博是一个基于用户关系的信息分享、信息传播、信息获取的网络平台，微博用户能通过WEB、WAP以及各种客户端组建个人社区，以140字左右的文字更新信息，并且能够实现即时分享。

微博是继博客之后出现的一种社交类网络平台，是社群营销的互联网入口之一。无论是普通老百姓，还是明星、名人，任何年龄段、任何社会阶层的人都可以使用微博。如今，大多数人用的都是新浪微博。

新浪微博是全中国最具人气的微博产品，开通了新浪微博的用户，可以在上面记录日常生活的经历、感受。只要拿着手机，随时随地都可以发微博。通过浏览微博内容，人们可以快速获取最新资讯。

美国的Twitter是早期最著名的微博平台，据统计，截至2010年1月份，该产品在全球拥有7500万注册用户。

"如果你的粉丝数量超过100，你就是一本内刊；超过1000，你就是个布告栏；超过1万，你就像是一本杂志；超过10万，你就像是一份都市报；超过100万，你就像是一份全国性报纸；超过1000万，你就像是一家电视台。"这番话形容的就是微博的媒体影响力。由此可见，在这个时代，微博具有无可限量的媒体影响力。

开展微博营销，要有准确的定位和目标，这样才可以吸引目标客户群的注意，才容易把握营销的内容。

微博的发布门槛低、实时性强、个性色彩浓厚，企业可以利用微博的特点打造出好的微博内容。

■ 微博与博客的区别

其实，我们可以把微博简单理解成"微型博客"。但是，微博和博客有着一定的区别。

微博和博客的区别	
区别	详述
字数限制	微博内容必须在140字之内，而博客内容就没有字数限制。这是因为博客主要是让人在电脑上发布和阅读，而微博主要是通过手机发布和阅读的
阅读模式	人们看博客的时候必须去对方的首页看，而人们在自己微博的首页上就可以看到别人的微博
发布方式	微博可以通过发短信的方式来更新，也可以通过手机网络更新，还可以通过电脑更新。而用手机来更新博客会很麻烦，用电脑更方便一些
自传播速度	微博可以通过粉丝转发来增加阅读量，而博客需要依靠网站推荐带来流量
使用人数和范围	微博的使用人数较多，范围很广，而博客一般都是由专有人群使用

■ 注册微博账号

要想通过微博来开展社群营销，就要先注册一个微博账号。下面以新浪微博为例来说一说注册账号的步骤。

第一步：登录新浪微博官网：weibo.com。

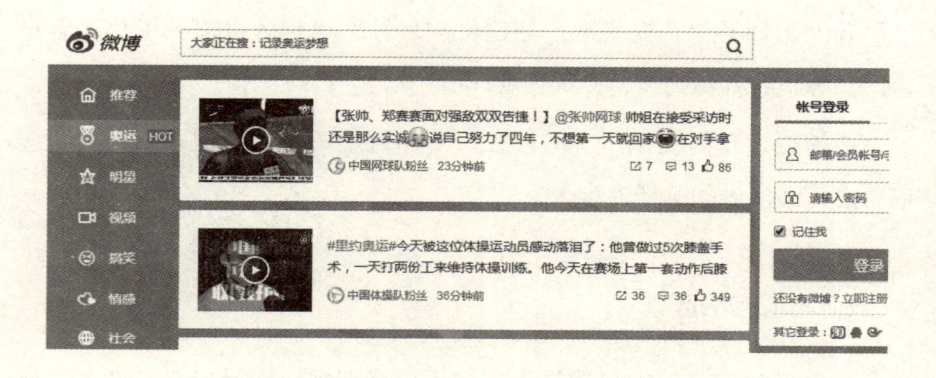

第二步：点击页面右上角的"注册"，进入注册页面。

第三步：在新浪微博的注册页面填写相关信息、设置密码，然后点击"立即注册"即可。

■ 利用新浪微博进行营销的秘诀

随着微博用户数量的快速增长，对于企业来说，微博营销变得十分重要。作为企业家或者个体营销者，应该充分重视微博的力量，给微博定位，并且进行恰当的管理；与此同时，还要与其他的营销策略进行有效的结合。

作为大型企业，应该善于利用微博的力量，在市场中扩展自己的地位，以免被市场淘汰掉。而作为中小型企业，微博营销是其以弱胜强、以少胜多的有力武器。作为个体营销者，应该利用微博聚集人气，将一些有缘人聚集在一起，然后再通过这些人展开营销。

那么，用微博来进行社群营销的方法有哪些呢？下面就说一说微博营销的具体方法。

1. 通过直接沟通掌握营销方向

微博的应用，使企业能够近距离接触消费者。通过微博来进行营销，企业营销的通道在一定程度上被缩短，同时营销效率显著提高。通过微博的互动，消费者相互之间可以直接进行沟通。

一些有着共同兴趣爱好的用户在微博上进行交流，每个人都可以通过微博发表对品牌和产品的感受。若企业开通了微博，就可以通过这个平台了解、掌握营销的方向和渠道，并且调动、运用相应的营销资源。

2. 恰当运用社交关系资源

微博属于社交媒体，微博中的每个账号都与其他用户保持着一定的关系，"我在关注别人，别人在关注我"。

在微博上，企业、品牌与消费者之间有着社交关系。可以说，企业、品牌的粉丝就是其忠诚的消费者。如果企业能够恰当地运用这些资源，就可以通过粉丝影响到更多消费者。

3. 运用微博的传播模式

每个微博账号的后面都隐藏着一位活生生的消费者。在微博上面，每个人都是信息的接收体，同时还是信息传播的源头。每个用户都拥有自己的粉丝，只要层层传递下去，就可以实时增大用户的覆盖面，并且这种传播可以带来持续的效应，从而导致企业的营销理念发生变化。

4. 微博SEO营销

当一个人想要寻找某个人或者某个热门消息的时候，一般会通过百度搜索、新浪微博搜索等搜索引擎进行搜索。企业可以利用这些搜索引擎获得流量，通过微博这个平台来推广企业的品牌，展开营销。

那么，该如何操作呢？

企业只需要找到一篇与自己行业相关的且在最近非常热门的新闻，将内容发布到企业微博上面。需要注意的是，要在发布的内容上配图，发布的内容应包含热点关键词，这样可以吸引用户的点击。另外，企业还可以添加网站链接来引诱用户点击。在一般情况下，微博认证之后会更容易参与排名。

企业在申请微博账号的时候，可以配合热门关键词或者网站品牌来申请。这样，当用户搜索某个热门关键词或者实时信息时，就很容易搜索到企业的微博。

5. 微博粉丝营销

如果企业想通过微博来进行营销，那么就要先吸引大量的粉丝。企业可以通过一些方法来增加微博的粉丝。

例如，企业可以从自己的竞争对手那里入手，查看竞争对手的粉丝，对其粉丝进行互粉。当一个认证账号关注某个人的时候，互粉的几率较高。目前，这种方法是非常有效的。

6. 有奖营销

企业可以通过微博为粉丝提供免费的奖品，以此来鼓励粉丝。通过这种营销模式，企业可以在短时间内获得一些忠诚用户。目前，有奖营销是新浪微博上应用最广泛的营销模式。例如，元洲装饰的"史上第一高楼"就是借助了外力的物质激励，与网友形成了有效的互动。

7. 互动营销

如果企业想要留住一个用户或者得到一个用户的肯定，那么就需要将微博营销与微信营销、QQ营销结合起来，展开互动营销。例如：一个用户在QQ空间看到了一篇产品推广的文章，却存在疑虑，而他后来又在微博看到了这篇文章，那么文章的内容就很容易打动他，他很可能会去购买商品。

8. 了解微博营销的注意事项

无论是大型企业，还是中小型企业或者个体营销者，在用微博进行营销的时候，都应该把握分寸，注意一些事项。

微博营销的注意事项有以下几点：

（1）明确微博营销的目的

为什么要做微博营销？对于这个问题，企业应该有一个明确的思路，这样才能把微博营销做好。无论是企业微博，还是产品微博，都有具体的营销方法。只有明确了方向和营销目的，才可以前行。

（2）注重关注度

别人为什么要关注企业的微博？一定是企业的微博有吸引力。如果企业想要提高微博粉丝的关注度，就要发布一些有针对性、趣味性的内容。

（3）融入互动

一个好的微博，不仅需要关注度，还应该注重与粉丝的互动。企业应该融入互动之中，不仅要发微博，还要转发微博，了解粉丝在关注什么。对于一些转发量较大的微博，值得关注。总而言之，企业应该与粉丝互动，这样更利于营销。

社交后起之秀——微信

一个事物出现之后，会经历几个阶段，即新鲜、被热捧、被其他新事物取代、消失。然而，自2011年微信出现后，到现在它都很火，深受人们的喜爱，这是因为微信可以帮助个人或企业创造价值。

■ 微信营销的优点

1. 建立稳固的客户群

无论是个人还是企业，要想有效地进行营销，就要与客户进行互动，与客户建立良好的关系，深入了解客户需求。通过微信，个人或企业可以快捷地进行营销活动，与客户建立长期的合作关系，建立稳固的客户群，从而创造更多利润。

个人或企业能通过微信与客户一对一沟通，从而建立稳固的关系。在奠定了一定的微信营销基础之后，可以轻松地挖掘潜在客户，扩大客户群。

2. 快速传播信息

在互联网时代，微信消息的转发率和曝光度很高。通过微信公众平台、微信朋友圈、微信群，信息会被快速地传递到客户面前。有的人在自己的朋友圈里看到好友发送的某条信息，觉得非常好玩儿、感人、有意思，就会关注推送这条信息的微信公众号，以后随时都可以看到该公众号推送的信息。

3. 投入成本低，利润却高

一直以来，广告都是营销的一种主要方式。有的大企业，请明星打广告，要花费很多钱；制作广告牌、发传单等方式也需要不少的花费。

很多时候，就算请大明星来做广告，也不一定能取得非常好的效果。在这个时代，通过微信，个人或企业可以发送文字、图片、语音以及视频等，只要消耗一些流量，就可以轻松实现营销的目的，把广告推送到用户的手机上。

用最少的投入，实现广告的高曝光度，这是一种高效、省钱的营销方式，可以使个人创业者或企业省去很多成本。

由于微信操作起来十分简单，即使是一个刚入门的微商也能轻轻松松地把广告推送到客户面前。通过微信营销，普通大众也能实现低投入、高收入。

对于一个微信营销者而言，要做的第一件事就是注册一个微信公众号。

■ 注册微信公众号的步骤

第一步：登录微信的官网http://weixin.qq.com，然后单击最上面菜单中的"公众平台"按钮。

第二步：进入公众平台注册页面，将会看到公众平台的注册和登录端口。若是第一次注册微信公众号，需要单击"立即注册"。

第三步：进入信息填写页面之后，需要一步步填写信息，并选择账号类型。微信公众号分为3种，即订阅号、服务号和企业号。若是个人和组织的话，就选择订阅号。服务号不适用于个人，企业可以选择企业号。

第四步：若是个人的话，选择订阅号之后点击确定。

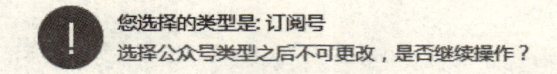

第五步：进入信息登记页面之后，选择主体类型，然后填写身份证、手机等信息。

用户信息登记

微信公众平台致力于打造真实、合法、有效的互联网平台。为了更好的保障你和广大微信用户的合法权益，请你认真填写以下登记信息。

用户信息登记审核通过后：
1. 你可以依法享有本微信公众帐号所产生的权利和收益；
2. 你将对本微信公众帐号的所有行为承担全部责任；
3. 你的注册信息将在法律允许的范围内向微信用户展示；
4. 人民法院、检察院、公安机关等有权机关可向腾讯依法调取你的注册信息等。

个人、个体工商户可注册5个帐号，企业、政府、媒体、其他组织可注册50个帐号。
请确认你的微信公众帐号主体类型属于政府、媒体、企业、其他组织或个人，并请按照对应的类别进行信息登记。
点击查看微信公众平台信息登记指引。

帐号类型　　订阅号

主体类型　　如何选择主体类型？

主体信息登记

身份证姓名　[　　　　　　　]
　　　　　　信息审核成功后身份证姓名不可修改；如果名字包含分隔号"·"，请勿省略。

身份证号码　[　　　　　　　]
　　　　　　请输入您的身份证号码。一个身份证号码只能注册5个公众帐号。

运营者身份　请先填写运营者身份信息
验证

运营者信息登记

运营者手机　[　　　　　　　]　[获取验证码]
号码
　　　　　　请输入您的手机号码，一个手机号码只能注册5个公众帐号。

短信验证码　[　　　　　　　]　　　　无法接收验证码？
　　　　　　请输入手机短信收到的6位验证码

■ 设置醒目的头像

一个微信公众号，若想在第一时间受到关注，打造醒目的头像至关重要。在设置微信公众号的头像时，要注意打造独具特色的头像。

对于企业来说，可以用企业Logo或企业CEO的头像作为微信公众号的头像，这种头像的辨识度很高。

用字母、汉字做头像也可以有效地吸引粉丝的眼球，体现出微信公众号的特色。另外，还可以用富有创意的图案作为微信公众号的头像，例如："美丽说"微信公众号的头像就是一个红色的嘴巴，嘴巴张开，好像在说些什么。这就是非常有创意的一个头像，形象地表达了"美丽说"的含义。

■ 设置有魅力的欢迎语

当人们第一次关注某个微信公众号时，一般都会收到来自该账号的信息，就是一条欢迎语，这条欢迎语是微信公众号与用户的第一次互动。如果欢迎语很有魅力，那么就会给用户留下良好的第一印象。因此对于微信营销者而言，设置有魅力的欢迎语至关重要，这是开启微信营销之路的关键一步。

设置欢迎语需要注意以下几点：

1. 注重礼仪

在微信互动中，营销者要使用文明礼貌的语言来维系客户。设置欢迎语时，要先向用户表示感谢，使用欢迎词，例如："感谢您的关注""感谢厚爱"等。另外，还可以使用一些风趣幽默的欢迎语，例如："终于等到你""亲，我们一直在等待你的到来"等。

2. 向用户概述一下该账号的特色

除了礼貌的开场白之外，还可以向用户简单介绍一下该微信公众号的特色，这样可以有效提升品牌的知名度，让客户有兴趣继续关注该账号。

3. 设置关键词回复

若微信公众号的内容很多，可以设置关键词回复，例如："回复A就是了解最新产品动态""回复C就是积分查询""回复E就是意见反馈"等。在用户初次与微信公众平台互动时，可以向用户推送关键词回复提示，这样可以快速增加用户活跃度。

■ 微信强大的社群营销魔力

企业微信公众号营销平台是一些企业的微信公众智能营销服务平台，企业可以通过该平台获得更多的红利。

微信有着多种体系，包括微生活、微信菜单、微信会员、微活动、微信商城、微服务、微房产、微汽车等。

就营销而言，每个平台都有相应的定位群体。微信的特点和微信公众号的运营模式，使企业或组织具有以下特征：

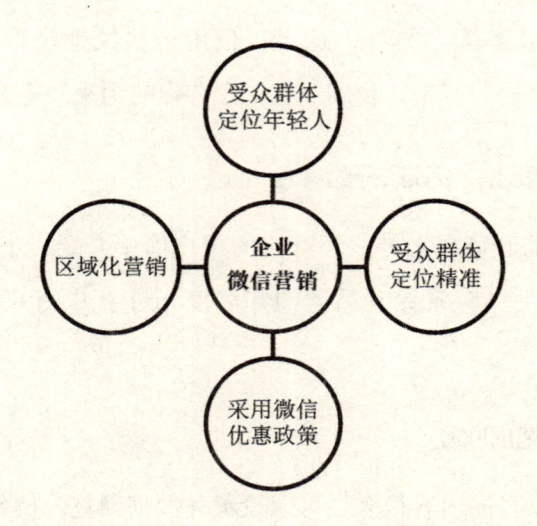

```
              受众群体
              定位年轻人

    区域化营销    企业      受众群体
                微信营销    定位精准

              采用微信
              优惠政策
```

1. 受众定位年轻人

微信的使用群体主要集中在20～30岁的人群中，通过微信传递信息的企业，提供的产品和服务应该针对这类人群。

老年人和孩子使用的产品也可以通过微信平台购买，但是多为年轻人买来给老人和孩子用的。当年轻人看到微信公众号里的信息或朋友圈的信息时，往往会产生消费行为。对于年轻人来说，购买时尚潮品是生活的一部分，通过微信获取商品信息时，禁不住诱惑，就会花钱了。

虽然随着智能手机的普及，有的老人、小孩儿都会开通微信号，通过微信和别人交流，但他们一般都不会随意通过微信平台购买商品。

因此，微信受众定位于年轻人是最好的选择。很多上班族，下班后都会利用坐地铁、公交车的时间看手机，而微信公众号的文章正是其主要的阅读内容之一。有些公众号中会针对某个品牌的产品撰写诱人的软文，并且在一定时间内更新。

当年轻人对某个品牌的商品有了一定的了解之后，经常会购买那个品牌的特色产品。有的品牌鞋子，不仅会通过微信公众平台推送新潮的鞋子，还会推送一些年轻人喜欢的软文，当人们看完那些优美、励志、感人的文章后，自然会点开图片欣赏一番，很可能会看中某款鞋子，从而产生消费行为。

可以说，微信在为年轻人提供娱乐的同时，也在推销自己的产品，从而进行有效的营销。

2. 受众群体定位精准

许多大众消费品，通过微信公众号推送消息的价值不大，因为微信公众平台的粉丝群体是有限的。对于一些受众群体精准的企业而言，微信就是一种营销利器。微信有一个显著的特点，即"一对一"，可以针对某个受众推送有针对性的信息。企业能深入地挖掘客户需求，定期通过微信公众平台向客户推送消息，可以维护与客户的良好关系，还可以通过已有客户挖掘潜在客户。若一些客户发现自己用的产品还不错，就会推荐给身边的朋友。

例如，化妆品公司微信公众平台的主要受众群体就是爱美的女性，尤其是年轻的女性。一般来说，男士不会经常关注化妆品，除非买化妆品送人。因此，化妆品公司微信公众平台的客户定位于女性，而这些女性又可以帮助企业挖掘更多的客户，从而获得更多红利。

3. 企业可以通过微信实现区域化经营

微信有LBS定位系统，企业可以通过该系统寻找附近一定范围内的微信用户。通过区域化经营，企业可以寻找潜在客户。例如：某家餐厅位于一个商业中心的核心位置，当中午和傍晚向周围的用户推送信息时，用户肚子饿了，很可能就会进入餐厅内消费。

很多人会选择团购，因为这样会比较优惠。如果企业定期发送团购信息，则可以在一定时期内维护与客户之间的关系。

区域化经营，用微信营销的方式取代发传单、电话促销的方式，它的营销效果更明显，吸引的客户会更多一些。

4. 通过微信推送优惠信息

根据产品特点和受众特点，有些企业会定期举办优惠活动，若提前通过微信公众平台向广大客户推送优惠信息，会促进产品宣传。

就销售而言，特价促销、会员优惠以及买一送一等促销活动是商家常用的方法。通过微信公众平台，一些区域内的人或对某个品牌感兴趣的人会看到优惠信息，从而有效地促销产品。

■ 完备的微信服务体系

微信客服是借助微信平台联系客户的纽带。一般来说，客服的工作流程主要包括三个方面，即售前、售中和售后。

1. 售前

在商品出售之前，客户会向客服咨询产品的相关信息，例如：价格、材质、重量、生产日期、产地等。

作为微信客服，要耐心倾听客户的咨询，然后为客户描述一下产品，解答客户的疑问。一般来说，在售前这个环节，客服可以向客户推销产品。微信是一个可以让客户直接产生购买行为的窗口，因此，客服在售前服务中的主要工作内容就是促成消费。

客服人员应详细地了解产品，例如：若产品是衣服，则要了解衣服的生产厂商、面料、洗涤方法以及穿着感受等；若产品是零食，则要了解生产日期、保质期、配料以及产地等。只有充分了解产品，才能向客户描述产品，激发客户的购买欲望。

下面是客服的售前工作流程图：

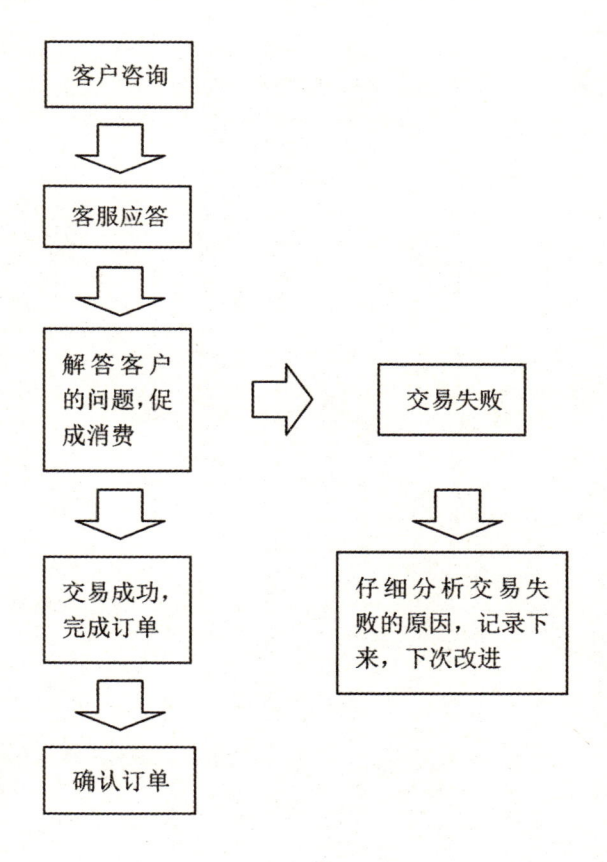

```
客户咨询
   ↓
客服应答
   ↓
解答客户的问题,促成消费  ⇒  交易失败
   ↓                        ↓
交易成功,完成订单         仔细分析交易失败的原因,记录下来,下次改进
   ↓
确认订单
```

2. 售中

在"售中"这个环节，客服人员的工作很简单，工作内容包括：确认客户是否付款、打印订单、跟踪物流信息等。

下面是售中客服人员的工作流程图：

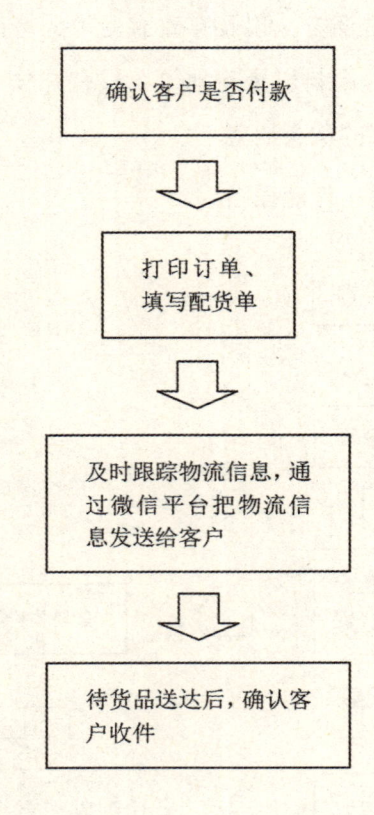

```
┌──────────────────┐
│  确认客户是否付款  │
└──────────────────┘
         ↓
┌──────────────────┐
│    打印订单、      │
│    填写配货单      │
└──────────────────┘
         ↓
┌──────────────────┐
│ 及时跟踪物流信息，通 │
│ 过微信平台把物流信  │
│ 息发送给客户       │
└──────────────────┘
         ↓
┌──────────────────┐
│ 待货品送达后，确认客 │
│ 户收件            │
└──────────────────┘
```

3. 售后

客户购买了产品以后，可能会有疑问，客服人员应耐心解答客户提出的所有问题。在使用产品的过程中，若客户遇到操作上的问题，客服人员应该一步步指导客户进行正确的操作。

若客户对收到的产品不满意，提出退货、换货的问题，客服人员应协助客户完成相关流程。首先要确定产品是否符合退货、换货的标准，然后再进行相关指导。如果涉及到理赔事宜，需要确定产品是属于自然损坏还是人为损坏。

```
┌─────────────┐      ┌─────────────┐      ┌─────────────┐
│  问题查询   │ ──▶  │  解答问题   │ ──▶  │ 进入处理流程│
└─────────────┘      └─────────────┘      └─────────────┘
```

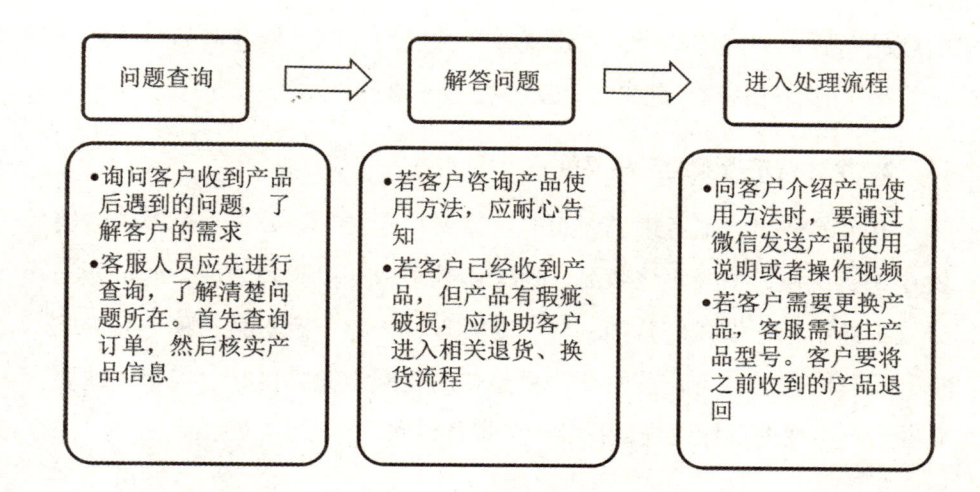

┌──────────────────┐ ┌──────────────────┐ ┌──────────────────┐
│ •询问客户收到产品 │ │ •若客户咨询产品使 │ │ •向客户介绍产品使 │
│ 后遇到的问题，了 │ │ 用方法，应耐心告 │ │ 用方法时，要通过 │
│ 解客户的需求   │ │ 知   │ │ 微信发送产品使用 │
│ •客服人员应先进行 │ │ •若客户已经收到产 │ │ 说明或者操作视频 │
│ 查询，了解清楚问 │ │ 品，但产品有瑕疵、│ │ •若客户需要更换产 │
│ 题所在。首先查询 │ │ 破损，应协助客户 │ │ 品，客服需记住产 │
│ 订单，然后核实产 │ │ 进入相关退货、换 │ │ 品型号。客户要将 │
│ 品信息   │ │ 货流程   │ │ 之前收到的产品退 │
│   │ │   │ │ 回   │
└──────────────────┘ └──────────────────┘ └──────────────────┘

■ **微信公众平台的口碑营销**

无论是出售什么产品，无论是个体经营还是企业经营，都应树立良好的口碑。良好的口碑与产品质量、服务、企业或个人形象等有关。

有了好口碑，产品销量自然会不断上升。朋友圈是口碑营销的阵地，若一个微信公众号的产品信息在朋友圈中被多次分享，那么就会收获大批粉丝。

再小的微信营销个体都可以通过口碑营销来扩大品牌影响力，收获更多的利润，然后利滚利，不断提升自身的竞争实力。

1. 产品质量是根本

在这里，要提醒广大读者朋友，虽然微信公众平台是一个可以挣到钱的平台，但是在平台上出售的产品质量一定要过关。任何一个消费者都希望买到质量过关的产品，因此微信营销者推出的产品不能是劣质产品，也不能把残次品卖给消费者。自己卖的产品能够得到很多人的关注，这是一种荣幸，因此千万不要欺诈消费者。当消费者收到质量过关的产品以后，觉得还不错，也许就会在微信朋友圈中推荐产品。久而久之，产品的口碑就树立起来了，就会有越来越多的人关注产品。

2. 个体营销者卖的产品要单一

就个体微信营销者来说，卖的产品要"专一"。如果一个微信营销者今天卖皮包，明天卖化妆品，后天卖鞋子，一段时间之后，他可能一分钱都挣不到。做微信营销，要"专一"，一心一意卖某一种产品，坚持一段时间，总会有一些收获。要想在朋友圈中树立良好的口碑，就要朝着一个不变的目标迈进，找准一个销售方向。

3. 提供贴心的服务

去专卖店买衣服，人们一般看中的是店内的服务。服装店里的服务人员说几句好听的话，让客人听了特别舒服，客人试衣服时主动帮忙整理一下，客人自然愿意掏钱把衣服买下来。同样的道理，做微信营销时，也要注重服务，例如：赠送小礼品、送货上门、解答客户的各种问题等。总之，提供贴心的服务，是服务中的一个中心宗旨。服务到位了，口碑自然就相应提高，因此服务一定要贴心，带给客户一种温暖的感觉。

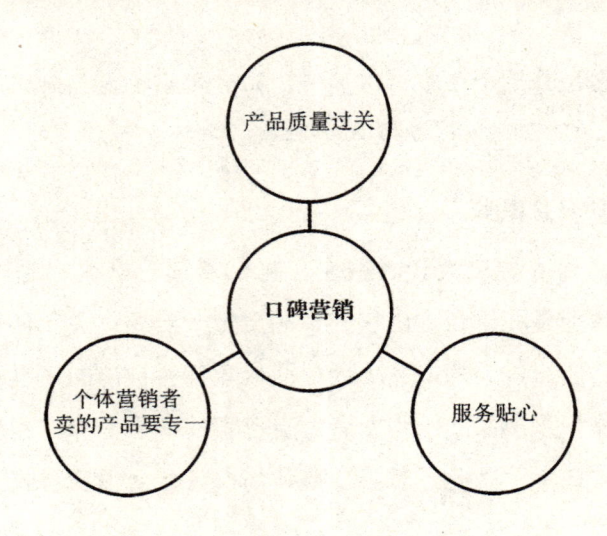

互联网"圈子"元老——QQ群

QQ作为一款即时通讯软件,为人们的生活提供了便利。无论身在何处,只要登录QQ,随时都可以与亲人、好友进行交流。

对于企业来说,QQ群是进行社群营销的重要阵地。如果可以充分利用QQ群、QQ邮箱以及兴趣部落等多个平台,企业一定可以获得长远的利润。

在互联网产品中,群是起源比较早的。群的意识形态起源于聊天室,后来逐渐发展成各类社交软件的群组,包括QQ群、微信群以及陌陌群等。

其实,群营销的本质就是希望通过线上工具来完成品牌的推广。在群营销的过程中,借助的也是人与人之间沟通的力量。

QQ群营销主要有两种方式,一种是自建群,另外一种是加入别人建好的群。自建群是吸引用户加群后完成营销目的,群主的控制力较强。而加入别人建好的群,门槛比较低,很容易上手。

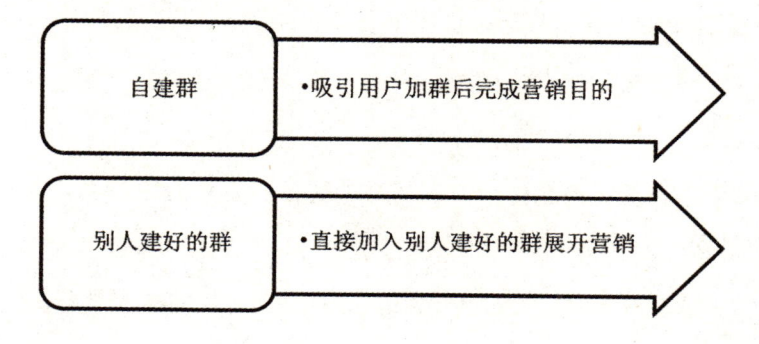

自建群	▶ 吸引用户加群后完成营销目的
别人建好的群	▶ 直接加入别人建好的群展开营销

■ 自建QQ群营销

自建群营销有一个优势，即节省沟通成本。通过自建群来进行营销，不需要群很活跃，直接通知人们加群，然后在群内发消息即可。

对于比较活跃的企业QQ群来说，群员可以针对一个问题在群内展开讨论，这样能有效提高群成员对企业及产品的认知，让那些对企业有利的信息在群成员中口碑传播。

需要注意的是，自建群营销有一定的困难，例如：是否有好的内容生产者？产品是否经得起用户的讨论？企业是否愿意接受客户的批判？

只要在QQ群内引发讨论，就会出现不同的声音。因此，并非所有企业都需要通过自建群来营销，有的企业甚至不需要自建群营销。

■ 非自建群营销

企业通过别人已经建好的群（非自建群）来进行营销，应该首先要让群成员喜欢上企业，然后再进行品牌推广。

企业自己做社群营销，通过别人已经建好的QQ群来收集珍贵的用户信息、推广产品，首先要做的就是融入非自建群中，与群成员打成一片。

那么，企业应该如何融入一个非自建群中呢？

（1）懂得倾听。企业加入一个非自建群中，应该懂得倾听，了解群内较为活跃的话题以及活跃的群成员。

（2）适时发起话题讨论。在适当的时候，企业可以在群内发起一个话题的讨论。

（3）帮助群成员。充分考虑群成员的感受，帮助群成员解决问题。

第 4 章　自媒体与社群营销

随着网络营销的盛行，自媒体营销深受人们的欢迎。通过自媒体，每个人都可以建立一个营销圈子，有效地宣传产品，从而获得相应的利润。

那么，自媒体的运营是否如想象中的那样简单呢？这就需要营销者有很强的学习能力，深入了解自媒体的本质，掌握自媒体的运营模式，只有这样才能在网络营销中占有一席之地。

自媒体之微信

微信是新兴的开放平台,获得了大众的青睐。如今,微信拥有强大的用户群体,已经形成品牌营销的平台。

微信是自媒体最好的载体。无论是个体经营者还是企业,都可以在微信公众平台上推广产品和提供服务。

■ **建立闭环服务体系**

2014年8月5日,微信宣布将公众号分为订阅号和服务号两种类型,随后腾讯为服务号开放了十多个接口,一步步地提升服务号的运营能力。在微信官方的号召下,服务号的数量也急速增多。

微信服务号成功的案例很多,如招行、南航、交行、联通、电信等大型运营商,此外还有提供服务的O2O产品、O2M产品等。用户可以随时随地享受服务,不用下载APP,拿着手机,通过微信就可以解决很多问题。

以招商银行为例,作为企业级用户、个人用户量级均在世界前列的企业，招行的服务号是微信服务号的先行者，并为开拓招行的服务渠道、提升招行的服务质量、减轻招行的服务压力作出了巨大的贡献。

有数据统计，仅仅是截至2014年3月，招行的微客服用户量已经超过1000万，并仍以每天1万至2万人的速度快速增长。这一用户量级和用户增长速度，使招行的粉丝量在300万家企业公众号中遥遥领先。

招行的微信服务可以称为一个闭环的呼叫中心系统，以问题咨询和业务办理为例：

简单的问题咨询，微信机器人会做自动应答，分担人工的工作量；

对于一些微信机器人无法解答的问题，微信服务将客户引导到招商银行的客户端——手机应用掌上生活或者手机银行办理；

更复杂或者需要安全加密的问题，比如用户协商还款、需要人工查询并解答一些疑问交易，微信客服可以将用户转接到人工系统，由人工提供可变性较大的服务。

这一服务开通之后，用户可以轻松获得一些基础服务，如查询账单、消费、转账、提醒等等，这样就有效地分担了招行的服务工作量。

而有趣的是，微信的社交特性也给招行带来了极大的改变，招行在用户心目中不再是冷冰冰的大楼和防弹窗，而是可爱甜美的小昭君，用户服务改善了，用户印象改变了，招行的微信服务号可谓功不可没。

- 拓宽服务渠道
- 增加用户黏度
- 改善品牌印象

将服务延伸到线上或者微信上是微信服务号的主要着力点，但微信服务能做的和需要做的远不止这些。服务本身也是品牌营销的过程，微信服务更是如此。例如：雀巢旗下的巢妈团微信服务号为用户提供贴心的"陪聊"服务；唯品会特卖微信服务号推出"每日精选"频道，用户每天有10款精心挑选的特卖商品可选；NBA鞋会也推出"一天一年"的专栏，每天更新一个NBA故事。

截止到2016年6月，很多人使用的是微信6.3.18版本，该版本的功能丰富，为用户提供的服务较多，例如：购物、游戏、微信红包、手机充值以及信用卡还款等。微信的功能日益强大，为用户提供的服务越来越多。

为客户提供服务，是微商的一种核心商业模式。当然，提供服务的平台绝不仅仅限于微信，QQ群、微博、论坛等都可以成为社群营销的平台，只要肯用心，每个微信营销者都可以找到合适的服务项目和服务群体。

■ 企业产品宣传窗口

随着微信公众号的兴起，微信公众平台已经成为企业产品的宣传窗口，这个窗口是开放的、互动的。

各行各业的产品都可以在微信公众平台上进行宣传。微信公众号分为三种，即订阅号、服务号和企业号。

企业开通微信公众号以后，可以定期向用户推送新鲜好玩的消息，在消息中融入一些企业产品信息，这样就可以有效宣传产品。

企业通过微信公众平台宣传产品有以下几大方法：

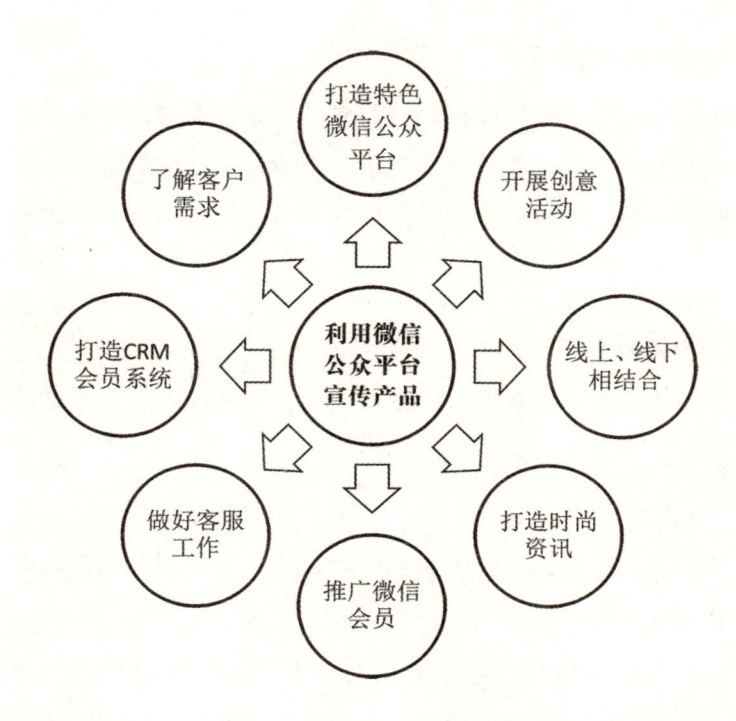

```
           打造特色
           微信公众
             平台
   了解客户              开展创意
     需求                 活动

 打造CRM      利用微信       线上、线下
 会员系统      公众平台        相结合
             宣传产品

   做好客服              打造时尚
     工作                 资讯
           推广微信
             会员
```

1. 打造特色微信公众平台

通过微信公众平台营销时，企业可以开通微信支付、在线预订以及送货上门等服务，定期向用户推送有价值的信息。每个企业都可以给微信公众平台的软文定位，例如：服装企业可以推送一些服装搭配的软文，内容最好是图文并茂的形式；化妆品企业可以推送一些与护肤相关的知识，在内容中融入化妆品信息。

2. 了解客户需求

客户想要什么？客户想知道什么？客户想解决什么疑难问题？客户一系列的需求，都需要企业去了解。只有了解客户需求，才能为客户推销适合的产品，快速完成交易。另外，企业还可以根据客户的需求打造新产品，从而获得长远的利益。

3. 打造CRM会员系统

管理客户是每个企业应该做好的事情，企业要维系与客户之间的良好关系，根据客户需求完善整体需求。企业可以借助微信后台数据统计统筹管理用户群，还可以根据实体店的客户反馈来整理客户提出的各种意见。

4. 做好客服工作

企业要通过微信公众平台来宣传产品，需要配备相应的微信后台服务人员，保证客服人员具有很强的执行力。

客服人员要及时与客户沟通，向客户介绍企业的产品，解答客户提出的各种问题。客服人员做好互动服务，这样才能提升用户的忠诚度，有助于企业的发展。

在进行微信营销的过程中，相对来说，人工回复比自动回复更加人性化。人工回复是一对一的服务，通过人工服务可以更好地满足用户需求。

需要注意的是，人工服务的实现需要人力成本。若微信用户很多，那么运营者的后台就要有足够多的客服人员来支撑服务，以免出现互动滞后的情况。

营销者开展人工回复需要一定的成本，但若能充分发挥人工回复的功能，将会创造出显著的营销价值。

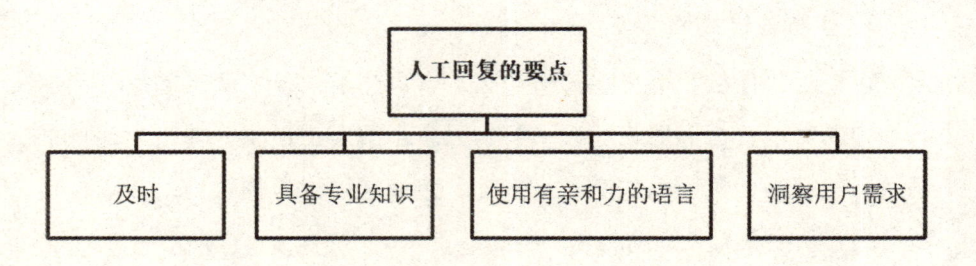

```
                    人工回复的要点
        ┌──────────┬──────────┼──────────┬──────────┐
       及时    具备专业知识   使用有亲和力的语言   洞察用户需求
```

开展人工回复需要注意以下几点：

人工回复要点	内容描述
人工回复要及时	平时，我们给别人发微信消息，一般都希望对方快点儿回复，这是很多人的普遍心理需求。在微信公众平台上，用户向平台发送了消息，自然希望运营者及时回复消息。若客服人员能够及时回复消息，用户感觉满意，就可以与用户维系良好的关系。
客服人员要具备专业知识	在进行人工服务的时候，客服人员要与用户直接交流，因此客服人员要具备一定的专业知识，这样才能为用户解答各种疑难问题，获得用户的信任，从而树立良好的口碑。
语言要有亲和力	在日常生活中，人与人之间的交流需要礼貌用语。我们都知道，有亲和力的语言会更有说服力，在微信营销中，人工回复时应多使用有亲和力的语言。客服人员不要像机器一样冰冷，要让用户感觉舒服，使用柔和、温暖人心的语言和用户对话。
洞察用户的需求	在用户没有疑难问题的情况下，也许会咨询一些简单的问题，在回复用户的咨询时，可以洞察用户的需求，向用户推荐最新产品，还有机会挖掘潜在客户。

5. 推广微信会员

企业可以在二维码中植入微信会员制度，制定优惠政策。与此同时，企业可以借助实体媒介或网络平台推广二维码，有效地增加微信关注度，从而提升品牌知名度。

6. 打造时尚资讯

化妆品企业、服装企业以及箱包企业等多种充满时尚元素的企业应该打造精彩的时尚资讯，在企业微信公众平台发布一些新鲜、有趣、前卫的时尚资讯。若能把时尚资讯与企业产品结合起来，就可以有效地吸引目标群体。

7. 线上、线下相结合

企业开展微信活动的时候，可以与实体店活动结合在一起，把线上用户转化成线下客户，从而有效地增加实体店的消费群。另外，企业还可以借助微博、官方网站等互联网渠道开展营销活动。

8. 开展创意活动

在进行微信营销的前期，企业可以开展创意活动，例如：团购会、有奖互动等。另外，还可以把创意活动与特殊节日结合起来，在圣诞节、春节、情人节、端午节、国庆节等节日推出折扣优惠、买一送一、有奖问答等创意活动。

■ 微信自媒体经典案例

1. 走在时代前沿的云科技

在2013年年初，利用微信自媒体盈利的"云科技"炒得火热。云科技是IT财经评论人士程苓峰独立运营的个人自媒体，微信账号有2万多的订户，在其他订阅终端上有不少于3万的活跃订户。程苓峰在新浪和腾讯微博分别有15万和56万粉丝，其中包括至少100位名博主，他们的粉丝都在100万以上。

在2013年1月24日，云科技的发起人程苓峰在其微信上发表《一万一天，云科技开辟广告》的文章，通过文章向外界宣告：在独立运营5个月后，云科技将开辟广告位（明码标价）。

广告采用"图片+链接"的形式，附在云科技微信公众号和网站上发布的文章末尾。云科技注重高端形象塑造，辅以流量导入。广告费按照每天一万元或者每五天三万元的标准收取，云科技每天发布文章1~2篇。

在云科技发布消息的第二天，国内知名折扣电商"唯品会"率先在云科技试水自媒体广告营销。

唯品会副总裁马晓辉表示："在内容为王的媒体时代，程苓峰一直以来以独特新颖的视角、缜密的逻辑分析和判断发表众多高质量的内容，这与唯品会所提供的高质量的商品和服务是相互匹配的，也是唯品会能够迅速作出投放决定的最主要原因。当然，我们在日常广告投放中也会考虑媒体的影响力，程苓峰高质量的内容覆盖两万多高质量读者群的价值也是我们看中的。"

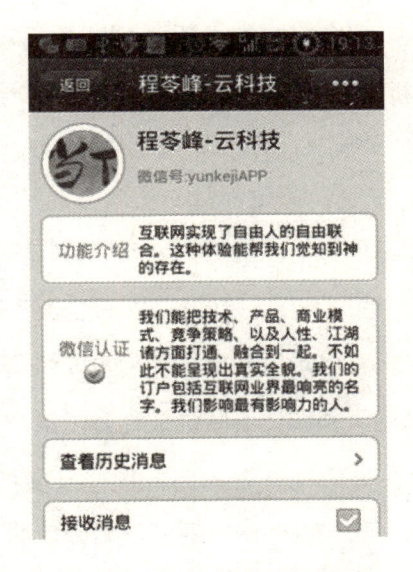

之后，云科技又刊登了两个广告：瑞库德猎头和金山旗下猎豹浏览器。在短短10天内，就成功卖了8个广告，进账8万元。

云科技微信广告主要依靠自媒体效应进行营销传播，有着良好的前景。程苓峰自称这种广告形式为"内容携带式广告"，也就是广告跟着文章走，文章和广告图片是一体的。然而，作为自媒体，当云科技的文章被别人转载时，广告也随之被转载。广告被转载的次数越多，内容传播范围越广，它所附带的广告价值就越大。

2. 美丽说——第一个吃螃蟹的人

美丽说是社区型女性时尚媒体，致力于为女性用户解决穿衣打扮以及美容护肤等问题。

美丽说的主要版块为"说逛街"和"说购物"，人们可以分享潮流新品以及搭配心得。通过关注更多的时尚密友、搭配高人，人们可以发现美丽，搜索流行。

美丽说提供应季最潮流的单品，各种风格的衣服、饰品搭配信息都可以在这个网站找到。另外，该网站还提供时尚、美容问答服务。

美丽说开创了新的品牌运营商业模式，即社会化电子商务分享的模式。在一个垂直的领域中，有相同兴趣爱好的人聚集在同一个社区，相互之间可以推荐、分享、评论商品，而商品的链接来自外部的电商网站，社区自身通过展示广告、点击购买分成取得收入。

美丽说在为用户提供讨论场所的同时，也为商家找到了精准用户。从商业模式的角度来说，这是一种链条短却十分高效的商业模式。

在微信品牌营销这个领域，美丽说被称为"第一个吃螃蟹的人"。

2013年4月24日，美丽说宣布成为首批登录微信开放平台的应用之一，用户可以把自己在美丽说中的内容分享到微信朋友圈。

通过用户的微信朋友圈，美丽说的商品信息会被传播开。在微信的这批合作方中，美丽说是唯一一个以女性用户为主的应用。

用户使用美丽说APP的时候，可以把自己喜欢的内容直接分享到微信中，让自己的好友看到具体内容。除了产品之外，美丽说上有许多与女性时尚相关的内容，这些内容有利于微信用户相互间的交流。

通过美丽说和微信的合作，可以看出网络社交分享的价值所在。用户通过微信把美丽说上的商品传播出去，有效提升了品牌知名度。其实，这是社会化媒体的口碑营销。一般来说，对于有价值的东西，用户都不会吝啬和朋友分享。

下面来具体分析一下美丽说的营销模式。

美丽说的微营销模式是营销中的模范。主要方式是让用户在手机等移动客户端上下载美丽说APP；在美丽说上注册账号；在微博、微信等平台关注美丽说，然后用户会在朋友圈分享图片，各自交换心得，这样就激发其购买力。另外，通过聘请网站搭配红人以及模特注册这样的方式，使广大用户更加直观、全面地了解美丽说产品的信息，可以让用户和搭配红人直接交流心得，讨论最新的流行趋势。

到2015年年底的时候，美丽说的消费主体市场规模已达五百万，而活跃用户在两千万至六千万的规模。超级用户每天都可以为美丽说在微信、微博等移动客户端上带来新的搭配秀以及各种新潮的服装，而活跃用户主要为美丽说在微信等客户端分享不同的新颖搭配。

在移动互联网的大环境下，美丽说主要在移动客户端上开展微营销活动。随着微营销范围的扩大，淘宝的很多店主看到可观的利润，纷纷鼓励买家到美丽说上分享商品。

淘宝店主在给自己的店铺做宣传的同时，为美丽说提供了更多的"货源"链接，进而大大提升了美丽说的品牌知名度。而美丽说为了应对激烈的市场竞争，与微信合作，只要在美丽说上购买商品时采用微信支付方式即立减现金，获得了更多的市场份额。

美丽说运营模式主要有三方面的优势：

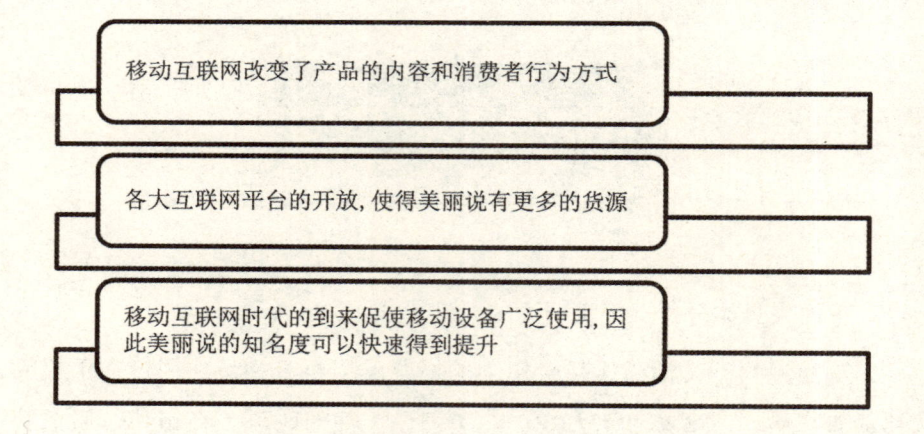

- 移动互联网改变了产品的内容和消费者行为方式
- 各大互联网平台的开放，使得美丽说有更多的货源
- 移动互联网时代的到来促使移动设备广泛使用，因此美丽说的知名度可以快速得到提升

3. 海底捞的微信社群营销

相信很多人都在"海底捞"吃过美味的火锅，如今，"海底捞"这个品牌已经享誉世界。

1994年海底捞成立，这是以经营川味火锅为主的餐饮品牌火锅店，其全称为"四川海底捞餐饮股份有限公司"。截止到2016年6月，海底捞在中国、韩国、新加坡以及美国等多个国家共有百余家直营连锁餐厅。

海底捞以极致服务体验为宗旨，深受火锅爱好者的青睐。顾客到海底捞用餐时，在把火锅端上桌子之前，会提供免费的水果。在等位区，顾客能享受免费的美甲、擦皮鞋服务，而在其他很多火锅店就没有这样的服务，这正是海底捞与众不同的地方。

除了实体店到位的服务之外，海底捞还注重创新，懂得与时俱进。海底捞是最早采用O2O营销的餐饮连锁服务企业之一，凭借在微博等互联网平台的口碑，海底捞在短时间内聚集了大量忠实粉丝。

做微信社群营销之后，海底捞把极致服务从线下提升到了移动端线上平台，微信公众号粉丝数每日增长数千人。

海底捞微信公众平台的自定义菜单包括：点餐、我的、发现。

点击"点餐"选项卡，会出现一个列表，列表包括订餐、排号、外卖、商城和菜单。

如果有问题需要咨询，可以点击"我的"选项卡。如果用户想玩游戏，可以点击"发现"选项卡。

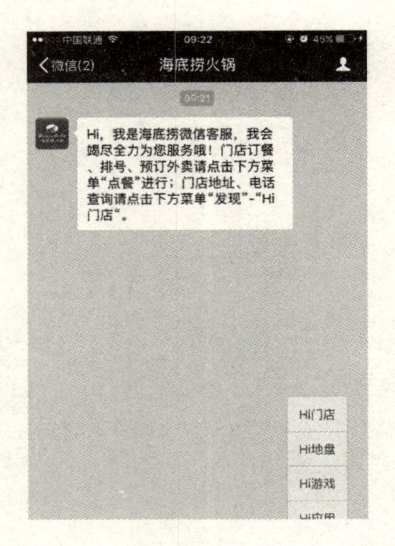

海底捞开通微信公众平台，采用一对一的营销方式，可以精确定位受众，掌握某个人吃东西的喜好。

海底捞可以通过微信公众平台的"客服中心"与用户进一步沟通。用户在聊天界面回复相应数字，即可获得相应的信息。

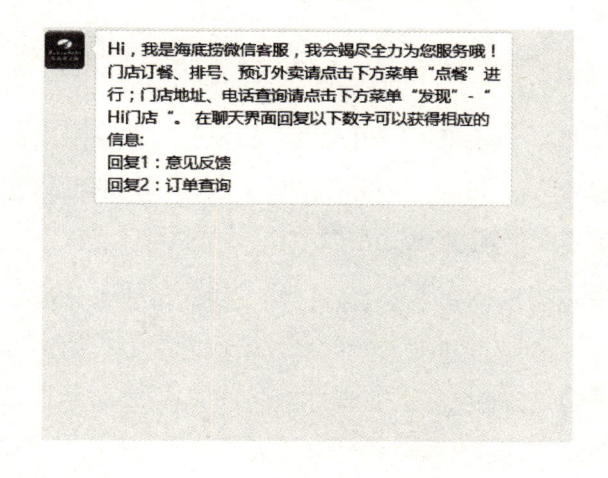

> Hi，我是海底捞微信客服，我会竭尽全力为您服务哦！门店订餐、排号、预订外卖请点击下方菜单"点餐"进行；门店地址、电话查询请点击下方菜单"发现"-"Hi门店"。在聊天界面回复以下数字可以获得相应的信息：
> 回复1：意见反馈
> 回复2：订单查询

总结一下海底捞微信营销成功的原因，主要有三点，即社交平台、深入互动体验以及24小时自助服务。

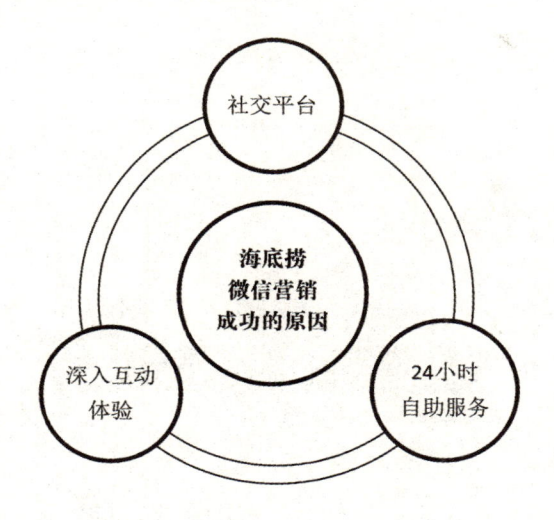

```
         社交平台
           ○
       ／     ＼
      ／       ＼
  海底捞微信营销成功的原因
      ＼       ／
       ＼     ／
   ○           ○
深入互动      24小时
  体验       自助服务
```

（1）海底捞的社交平台

海底捞的微信公众号并不仅仅是一个一对一的社交平台，还是多对多的社群平台。为什么这么说呢？在海底捞微信公众号里，有一个"Hi地盘"的功能，通过这个功能，用户可以登录海底捞账号、QQ账号、微博账号以及人人账号。

用户进入"Hi地盘"以后，可以在里面发布消息，分享自己的心情或所做的事情。一般来说，用户主要会发布一些在海底捞吃饭后的体验。在"Hi地盘"，海底捞为用户提供了八种类型的话题，社群成员能针对自己感兴趣的话题聊天。

海底捞开通微信公众平台之后，接入的订单数十分可观。海底捞将实体店与微信平台结合起来，微信的订单数占了很大的比例，通过微信支付来交易的客户群体大约占了客户群体总量的20%。由此可见，海底捞的极致服务与移动端的社群营销结合起来，获得的营销效果甚好。

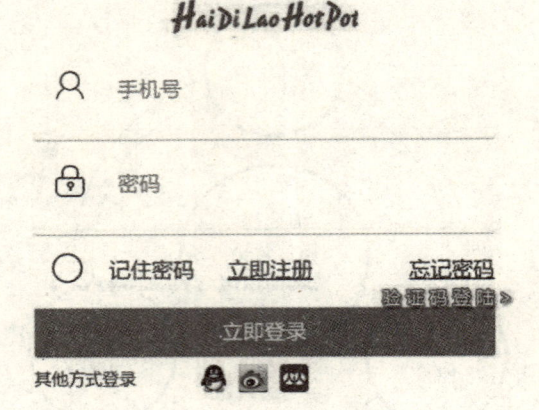

对于企业而言，无论在怎样的平台上运用社群营销，都应该考虑到社群成员的体验感，企业应注重与社群成员之间的交流。有了良好的互动，订单自然会多起来。

(2) 深入互动体验

在海底捞微信公众平台的"Hi游戏"中，设有与食品相关的小游戏，包括：Hi农场、Hi拼菜、Hi吃海底捞以及摇摇乐等简单的小游戏。游戏界面简单，对于喜爱游戏的用户来说，这些小游戏甚至比打折还吸引人。

(3) 24小时自助服务

通过微信公众号，用户可以预订座位，也可以享受送餐上门的服务，甚至还可以在微信公众平台的商城选购底料。

若用户要预订用餐，具体步骤如下。

步骤一：点击"点餐"选项卡，在弹出的列表中选择"订餐"，即可进入门店列表界面。

王府井店
北京市东城区王府井大街88号乐天银泰百货8层

新世界百货店
北京市东城区崇文门外大街新世界百货五层

西单店
西城区西单北大街109号西单婚庆大楼7楼(西单商场对面)

步骤二：选择距离自己最近的店面，进入填写订座信息界面，详细填写相关信息，即可成功预订用餐。

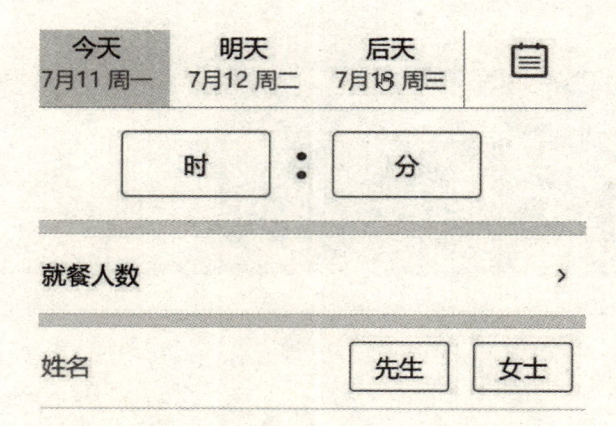

今天	明天	后天	
7月11 周一	7月12 周二	7月13 周三	📅

时 : 分

就餐人数　　　　　　　　　　　>

姓名　　　　　　　　先生　女士

若用户要享受送餐上门的服务，输入送货信息，即可坐等美食。具体步骤如下。

步骤一：点击"点餐"选项卡，在弹出的列表中点击"外卖"，进入"Hi捞送"界面。

联系人	请输入姓名
手机号码	请输入手机号
验证码	发验证码
用餐人数	请输入用餐人数
外卖类型:	普通外卖 上门自取

查看外卖须知

步骤二：在"Hi捞送"界面点击"查看外卖须知"，进入"外卖须知"界面，了解相关规则。

步骤三：点击"知道了"，返回"Hi捞送"界面，填写相关信息。

步骤四：返回"海底捞火锅"界面，点击"点餐"选项卡，在弹出的列表中选择商城，进入"海底捞官方旗舰店"界面，用户可以根据个人喜好购买产品。

微店与微商城

微店是零成本开设的小型网店，属于第三方APP软件的一个功能。开设微店，没有资金的压力，没有库存风险，也没有物流烦恼，只需利用个人社交圈和碎片时间进行营销推广。微店也有不足之处，即店铺与顾客基本没有互动，营销活动难以产生效果。

微商城是微店改进后的一种营销手段，是直接搭建在微信上的一个商城，可以与公众账号对接，粉丝就是潜在客户，通过平时公众账号的信息共享与传播，有利于增加客户黏度，通过缩短客户与商家的情感距离，使客户对商家产生信任感。

经营微店，需要长时间的积累才会产生效益。和微店相比，微商城的优势很多，企业或商家可以根据自身需求选择适合的平台。

微商城有着强大的功能，包括广告展示、在线消费、LBS、自动搜索以及在线互动等。微商城的广告投入成本只是传统广告投入的百分之一甚至更低，线上、线下互动，覆盖范围广。

微店与微商城的区别

区别点	内容描述
功能的区别	微店：功能单一，只能满足一般商品的展示。 微商城：可以满足电商的需求，可自定义电商规则。
销售形式的区别	微店：智能式零售。 微商城：批发、零售同时进行，商城前台显示价格一样。客户提交订单，价格会根据客户会员等级不同而有所区别。
购物入口的区别	微店：只有关注粉丝可以进入商家的店，微信是唯一入口。 微商城：移动端、PC端、微信端三合一，数据全网同步。
会员系统的区别	微店：无会员系统。 微商城：有会员系统，设有会员积分制度。
营销工具的区别	微店：无营销工具。 微商城：有很多营销工具，例如：若客户将产品分享到朋友圈，即可获得相应的报酬。

通过微商城营销，反馈速度快，企业可以及时与客户互动，收获良好的营销效果。

另外，微商城是一个3D商场，可以为客户全方位地展示产品，让客户有身临其境的感觉，获得乐趣。微商城的受众精准，会员体系庞大。

微商城的优势：覆盖范围广、充满时尚感、效果好、功能强大、成本低。

■ 京东微店——京东平台与微信平台相辅相成

随着互联网的发展,很多电商都有了一席之地,京东就是做得比较成功的一家电商。京东是一家专业的综合网上购物商城,销售的品牌数量很多,有4000多万种商品,包括服装、家电、图书等各种各样的商品。

如今,京东微店逐步发展起来,这不仅给京东带来了可观的利润,还给商家提供了一个很好的平台。

京东微店是京东商城做的移动端商城,京东与腾讯合作,直接将商城加在微信里,与京东商城系统是打通的。

目前,有很多京东的商家都在经营京东微店,将京东平台与微信平台联系在一起,这种营销模式十分便捷,客户购买商品时也更加方便。

京东商家申请开通微店很简单,下面是具体步骤:

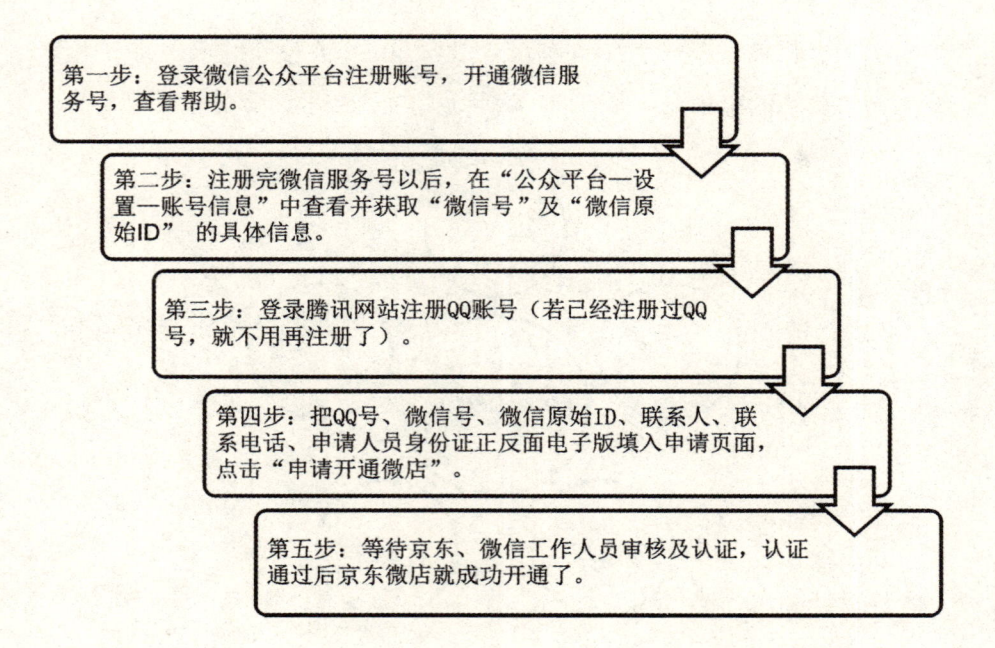

第一步:登录微信公众平台注册账号,开通微信服务号,查看帮助。

第二步:注册完微信服务号以后,在"公众平台—设置—账号信息"中查看并获取"微信号"及"微信原始ID"的具体信息。

第三步:登录腾讯网站注册QQ账号(若已经注册过QQ号,就不用再注册了)。

第四步:把QQ号、微信号、微信原始ID、联系人、联系电话、申请人员身份证正反面电子版填入申请页面,点击"申请开通微店"。

第五步:等待京东、微信工作人员审核及认证,认证通过后京东微店就成功开通了。

京东微店与腾讯合作，开通了微信入口，有着其他微店没有的优势。很多京东商家会把微信入口作为第一选择，京东可以通过这个渠道深挖潜在客户。

■ 口袋购物——起步较早的微店

在微店领域，口袋购物起步较早。起初，口袋购物拿到了小米科技创始人雷军的投资，还得到了以腾讯为首的高额融资，是商家量和交易额较高的微店。

口袋购物有一个显著的优势，那就是帮助厂商（品牌商）、分销商、顾客搭建活跃的生态链。厂商寻找分销商，分销商选择优秀的厂商。就厂商而言，可以通过口袋购物这个平台搭建在移动端的分销渠道，让那些想要开店的学生、辣妈、自由职业者等有梦想的人开店，让他们代理产品，在自己的圈子里开店。

那些有社交属性且复购频率高的产品适合分享型经济，每个人都是自媒体，如果一个人开了微店，那么就可以向朋友推销自己的产品。若有朋友认可自己的产品，分享的同时可以获取一定的佣金。另外，微店红包、微店直通车等功能可以帮助卖家打开销售渠道。

■ 有赞微店——商家搭建微信商城的平台

有赞微店以前叫"口袋通"，有赞微店的创始人是白鸽。有赞是帮助商家在微信上搭建微信商城的一个平台，提供店铺、商品、订单、物流、消息和客户的管理模块，还提供丰富的活动插件和营销应用。有赞微店设有CRM系统，可以帮助商家直接管理粉丝。

其实，有赞微店就是一个面向个人的手机开店APP，用户使用手机号注册即可开店。有赞微店和其他开店软件相比,最大的特点或者区别在于微店内提供海量精选的分销商品,用户没有自己的货源渠道,可以通过出售分销商品来赚取利润。

个人可以通过有赞微店开店,不用投入成本。目前,有赞支持iOS和Android系统,使用这两种系统的手机用户可以轻而易举地开通微店。

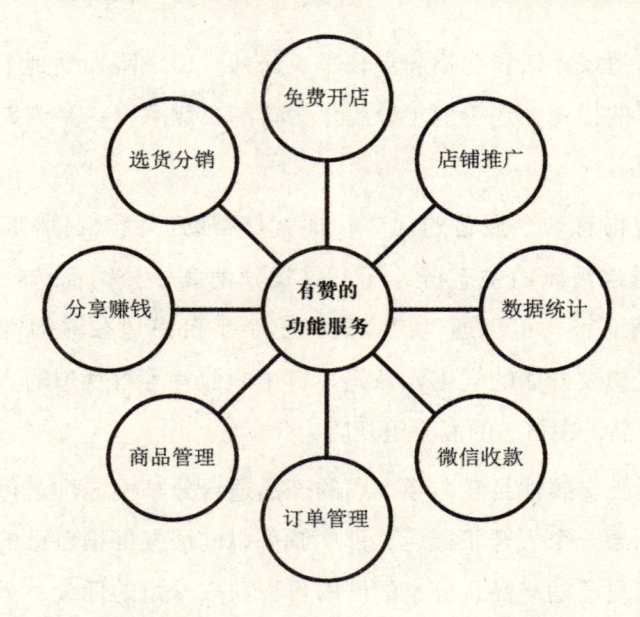

```
                    免费开店
          选货分销            店铺推广

        分享赚钱     有赞的      数据统计
                   功能服务

          商品管理            微信收款
                    订单管理
```

1. 免费开店

个人能在各大手机应用市场免费下载"有赞微店",使用手机号码注册即可开微店。有赞微店的一大优点就是,用户不用投入任何费用,所有店铺的基础功能都是免费的。对于想要开店的人来说,有赞微店提供了一个免费的平台。

2. 选货分销

通过有赞微店开店,完全不用担心货源问题。若个人开店者没有自己的货源,那么可以进入有赞的"选货"界面,从大量的分销商品中选择合适的商品，直接上架，在自己的店铺中出售。买家在店铺购买了分销商品之后，供货商会直接发货给买家。交易成功之后，个人开店者就可赚得相应的利润。

通过选货分销，个人开店者就可以解决货源的问题。个人开店者不用提前进货，也不会压货，因此根本没有库存的风险，完全零成本。

3. 分享赚钱

除了分销之外，个人开店者还可以通过分享赚取佣金。在"选货"界面选择"分享赚钱"，然后挑选商品分享到个人朋友圈、微博等平台，别人通过分享链接购买商品，交易完成后，个人开店者就可以赚到佣金。

分享赚钱和分销有着一定的区别，分享赚钱就是帮助供货商推广商品，买家在供货商自己的店铺里完成交易。就分销而言，买家在店铺里购买了商品，个人开店者可以自己设定商品的零售价，也就是能自主控制自己的利润空间。相对来说，分享赚钱更加简单，而分销则需要花费心思去经营。

4. 商品管理

可以快速、高效地管理店铺内的商品，包括从选货市场里添加的商品和个人开店者自己在卖的商品。

5. 订单管理

查询、跟进店铺里每个订单的状态，处理发货、退货等。

6. 微信收款

卖家可以通过有赞小店发起一笔微信收款，直接发送给自己的微信好友，好友通过链接就可以直接付钱给卖家。有赞小店同时支持微信支付和银行卡支付。

7. 数据统计

应用内现已提供了基础的店铺数据统计，包括访客数据等。在后续版本里，将提供更完善的数据统计功能，帮卖家更好地经营自己的店铺。

8. 店铺推广

（1）通过微信朋友圈推广

卖家可以将自己的店铺或者某一件商品分享到朋友圈，好友从朋友圈看到分享后，点击即可进入店铺或商品详情页。如果好友感兴趣，就可以直接购买。

（2）转发给微信好友

卖家也可以将店铺或商品转发给特定的微信好友，对方就可以直接在聊天窗口里点击访问店铺，可能会购买产品。

（3）在微博、QQ空间等社交平台上推广

若卖家的微博有很多粉丝，QQ上的好友很活跃，那么也可以将店铺转发到这些地方。

（4）其他渠道

如果有自己的网站，或者是某个论坛的活跃用户，有很多朋友在上面，可以通过这些渠道进行推广。

自媒体之网红

网红就是网络红人，是指因为某些事物在现实生活或者网络中被网民关注而走红的人。

网红走红主要是因其自身的某种特质在网络的作用下被放大，与网民的某些心理相契合，有意或者无意间受到网民的追捧。

网红也是自媒体营销的一种特殊方式，下面举例来说明。

在2015年，papi酱（本名姜逸磊）开始在网络平台上传原创短视频。视频中的内容以当下社会的热点、主流、某一种社会现象作为主要吐槽对象。每一次，papi酱吐槽的社会现象都直击人的心灵，激发网民们的共鸣点。

papi酱因此在视频社交平台上小有名气，视频阅读率也稳步上升。当年的papi酱和现在那些做着小视频的自媒体人一样，内心有着丰满的理想，但现实是骨感的。

papi酱的每一段视频中涉及到的观点都能引发一次热潮，因此她开启了网红自媒体的新阶段。

在2016年2月，papi酱凭借变音器发布原创短视频内容而走红。

在2016年3月，papi酱获得真格基金、罗辑思维、光源资本和星图资本共计1200万元人民币融资。

在2016年3月8日，金星在自己的节目中，现场提及关于网红papi酱的事件，对她作出了高度的评价。金星大赞papi酱的观点以及她那浮夸而又逗趣的表演。在金星夸赞papi酱的第二天，原本就小有名气的papi酱在社交网络上的人气大增，她成为了2016年的第一网红。

金星的几句夸赞就使papi酱的口碑瞬间翻了好几倍，这个自媒体营销案例也说明了名人效应的特点。

一个出色的网红自媒体，不仅要有创新的思路、新颖的表演，还要有一个重要的意见领袖。意见领袖要有稳定的粉丝群体，在网民中有着一定的地位。

总体来讲，papi酱之所以能够快速走红，主要是由于她抓住了短视频UGC内容井喷的契机，加上在内容打造方面充分结合了其影视专业的知识，她的选题设计的确与众不同，从生活到娱乐都有涉及。

papi酱以一种接地气的草根气质叙事，同时结合时事热点，在几分钟的短视频内设置诸多贴近年轻用户的槽点，直接满足年轻群体对娱乐视频的需求，因而也就在当下"有趣"内容并不多见的内容环境生态中脱颖而出。papi酱是网红中的一匹黑马，彻底地红了一把。

papi酱的视频具有清晰的价值观，即崇尚真实、摒弃虚伪、倡导个体自由，而这也正是年轻一代所共同追求的东西，papi酱的视频之所以能够获得广泛共鸣，原因就在于此。

据悉，在2016年4月18日，根据群众举报和专家评审结果，新闻出版广电总局要求该节目进行下线整改，去除粗口低俗内容。符合网络视听行业的节目审核通过要求后才能重新上线。此前，广电总局已对多部粗俗网络节目进行整治。

在当今社会，低俗、粗口、恶搞、适度的诙谐可以让人大笑。然而，凡事都要讲个"度"，恰到好处的视频表演才会被整个社会认可。视频、直播的社交平台为网红开启了全新的时代，同时也为网红敲响了警钟，把握"度"很重要。

自媒体之微博

2009年8月新浪微博正式开通，新浪微博沿用博客推广的成功经验，在短时间内掀起国内微博风潮，"你织围脖（微博）吗？"成为了很多人寒暄的第一句话。

在当今这个时代，很多企业都懂得通过微博平台来推广产品。除了微信、QQ空间、论坛，微博是另外一个可以进行营销的网络社群。

作为国内最早由门户网站推出的微博，新浪微博成为国内微博领域的领先者。在2010年7月，新浪微博产生的微博总数超过9000万，每日产生的微博总数超过300万。

微博的流行使企业与消费者之间的沟通变得具有个性化、7×24小时、全透明的特点。与传统的SNS、BBS和个人博客相比，微博的信息传播速度更快且传播范围更广。

社交网络是人们建立关系的空间，在这个空间内，互动和服务至关重要。在微博上寻找目标人群和话题，锁定关键字，企业就可以挖掘潜在粉丝，主动进行沟通。

- **元洲装饰盖了家装微博史上第一高楼**

在中国，国庆长假是许多商家挖掘财富的好时机。

在2010年9月28日，新浪微博有一则主题为"#元洲寻找国庆#，网友抢沙发，盖微博第一高楼"的博文受到许多人的关注。原来，发布这篇博文的是一家500强的装饰公司，即元洲装饰公司。

元洲装饰公司在国庆长假推出抢沙发活动——"#元洲寻找国庆#，网友抢沙发，盖微博第一高楼"庆祝祖国61华诞。有意思的是，元洲装饰公司要寻找61名叫"国庆"的人享受特惠家装。转发并回复#元洲寻找国庆#+评论的第5000、8000、10000名网友会获赠"波适"沙发，另有6000元沙发抵用券。

微博用户与元洲装饰公司一起盖家装微博史上第一高楼，演绎国庆七日传奇。元洲装饰公司借助"沙发"的双重含义以及微博用户的国庆情结，使得人们参与到元洲装饰的企业文化中。

传统媒体的价值链大致由几部分组成，即信息、内容、广告、商品、消费。而在微博的价值链中，有的链条被缩短或替代。有时候，信息本身就像一条广告。

截止到2010年10月10日，元洲装饰公司北京分公司的粉丝数多达17000余人。可见，元洲装饰公司用微博来推广产品的方法是成功的。

- **后宫优雅**

后宫优雅是通过微博营销的经典案例。

通过制造具有新闻价值的事件，并且使这个新闻事件得以传播，这就是事件营销。说白了，事件营销就是变换方法来做广告，通过事件营销也可以获得良好的广告效果。

起初，事件策划人按照传统的论坛、博客等营销策略入手，先写一个段子，然后再发张照片，炫富、晒明星。采用自创"后宫体"的写作方法，在新浪微博中获得了许多人的关注。

"后宫优雅"在2009年12月1日注册账号，在2010年2月1日结束营销。利用短短两个月的时间，后宫优雅获得了五万新浪微博粉丝数，每篇微博的评论数都过千。就这样，"优雅女"成为了微博红人，获得了潘石屹、黄健翔、宁财神等名人的关注，也算是有些收获。

从营销的层面来说，优雅女用了两个月的时间进行炒作，人气提升。在Google搜索"后宫优雅"，会出来21万条记录。而搜索"优雅女"，会出现14万条记录。

"后宫优雅"的事件营销让"优雅女"火了，对于网络游戏的推广也起到了一定的作用。该事件营销选择的平台是微博，由于营销的背后有很多漏洞，所以两个月之后就结束了。

■ 伊利舒化"活力宝贝"世界杯

在消费者的消费联想中，牛奶是健康、营养的饮品，很多人难以把牛奶和"活力"联系在一起。因此，伊利需要一个机会，使营养舒化奶和活力关联起来，世界杯就是一个契机。

世界杯是考验中国球迷活力的世界杯，所有比赛几乎都在后半夜，有了活力，才能坚持把比赛看完。

而伊利就抓住了这个契机，在世界杯期间，伊利营养舒化奶与新浪微博合作，在新浪微博"我的世界杯"模块中，网友能披上自己支持球队的国旗，在新浪微博为球队呐喊助威。在新浪微博的世界杯专区，有两百万人披上世界杯球队的国旗，为球队助威。相关微博博文突破了3226万条。通过对微博粉丝的比较，选出粉丝数量最多的网友作为球迷领袖。

作为新浪世界杯微博报道的形象代言人，伊利舒化的"活力宝贝"使体育营销上升到新的高度，为观众增添了欢乐，使"看广告"这件事成为人们的一种享受。

这次微博营销活动使伊利营养舒化奶与球迷活力有机联系在一起，让那些关注世界杯的人都能关注到伊利营养舒化奶，使伊利营养舒化奶为球迷的世界杯生活注入活力的信息广泛传递出去。

■ 东航凌燕

新浪微博事业部商业拓展负责人苗颖对《第一财经周刊》表示：公司或者机构与用户进行"朋友式的交流"最重要。因此，在公司微博上面，公司要像一个人一样。

中国东方航空股份有限公司的微博@东航凌燕拥有大量粉丝。东航凌燕召集了可以代表航空公司形象的空姐们，每位空姐的姓名前面加上凌燕二字。微博的主要内容是空姐们在世界各地拍摄的风景照，还有平时旅客们看不到的飞机驾驶舱等。

微博内容的风格朴实、有亲和力，符合很多人的口味。

中国东方航空公司的微博营销既收获了很多的粉丝，也树立了良好的品牌形象。

通过微博进行营销成功的公司都有一些共同点，包括使用真实姓名来做账号名称、用真人头像做微博头像等。

■ 野兽派花店

许多文艺青年都知道"野兽派花店"，这家店没有实体店，也没有淘宝店。这家店在2012年的年底开通微博，从开通微博至2013年8月，该店通过几张花卉礼盒的照片和140字的文字介绍吸引了超过18万的粉丝。令人感到震惊的是，一些演艺界的明星都是该店的常客。

为什么野兽派花店的生意会这么好呢？因为这家店采用了故事营销的方式，可以说，该店卖的并不单单是花。

在2011年的年末，某位顾客（Y先生）在野兽派花店订花，提出自己的想法，想要用花来表现出莫奈的名作《睡莲》之意境。然而，当时该店并没有特别合适的花材进行创作。过了几个月之后，店主兼花艺师Amber想起了一个美术馆，获得了一些灵感，于是根据灵感做出了"莫奈花园"这个作品。

野兽派花店懂得倾听客人的故事，把听到的故事做成美丽的花束。因此，该花店的每束花都被赋予了耐人寻味的故事。在众多故事中，有人求婚、有人祝自己结婚周年快乐、有人祝父母健康……

在日常生活中，野兽派花店的粉丝每日可以阅读140字的内容，这成为粉丝们生活中的一种调节剂。

野兽派花店选用的花卉并不是市场上常见的，而是进口花卉。这些花卉品种经过精心雕饰之后，针对不同人群、送花者与收花者的心境，被赋予具有文艺范儿的名字。

店内包装完的花束,只在微博上出售,客户都是该店微博的粉丝。客户可以在微博上通过私信下订单,花店的客服会通过私信回答客户的问题,直至完成交易。

与传统的那些花店相比,野兽派花店是花店中的"奢侈品牌"。从野兽派出品的花卉礼盒,便宜的几百元,贵的几千元。虽然价格高,但质量好,该店做出来的花卉礼盒很漂亮,因此,就算贵一些,也有很多人喜欢在这家店购买花卉。由此可见,在营销中,质量好是根本。

通过微博运营了一段时间之后,野兽派花店在2012年8月开了网店。在网店中,除了之前的花艺之外,该店的业务还拓展到了干花、配饰以及香氛蜡烛等多种品类。

野兽派花店的营销是成功的,这源于该店采用了故事营销的方式。对于花店粉丝来说,谁都想成为故事的男女主角,把自己的故事用花卉表现出来,这是一种幸福的体验。

其实,很多电商都可以学习一下野兽派花店的营销模式。通过微博的病毒式故事传播,电商可以获得许多潜在客户。

■ 微博营销——罗辑思维

本书多处都提到罗辑思维,因为罗辑思维在社群营销方面做得可谓极致,面面俱到。不仅利用微博开展营销,还充分利用了微信等多种平台开展营销。

在微博平台上,"罗辑思维"朋友圈账号曾发起了"罗辑思维相亲大会"以及"罗胖的365天"等众多话题,与微博网友进行互动。

通过微博互动，罗辑思维确实收获不少，在稳固已有粉丝的情况下，又挖掘出许多新的粉丝。

在罗辑思维的营销过程中，成功展示了互联网营销的魅力。除了视频、音频以及微信公众平台之外，罗辑思维还拥有多个微博账号。通过微博，罗辑思维开展了各种各样很有创意的线下活动。线下活动以及自媒体的全方位营销充分发挥了作用，使罗辑思维快速地获得了一定的影响力。

第5章　顶级微信社群

微信公众号就是一种微信社群,通过微信公众平台进行营销,获得的长远收益是不可估量的。另外,微信上的很多应用都运行得不错,微信上的很多第三方服务都是微信营销的典范,例如:滴滴打车、美丽说、58到家、京东精选、吃喝玩乐等。

微信特有的四大营销功能

■ 二维码

经常用微信的人都知道微信二维码,每个微信公众号或个人微信号都有一个二维码,它包含着公众账号或个人的基本信息。

一个使用微信的人,只要用手机扫一扫二维码,就可以加上一个微信好友或关注一个微信公众号,因此微信营销者可以借助二维码进行营销。

如今,推销产品之前先推销微信公众号二维码成为一种潮流,因此掌握推销二维码的技巧很重要。以下提供几种推销二维码的方法。

1. 借助互联网的力量

微信营销导航网站、微信朋友圈以及QQ空间等都是增加二维码曝光率的互联网平台,在这样的平台推销二维码省钱又方便。对于一些资金有限的微商来说,借助互联网的力量推销二维码是一种相当实惠的方法。

2. 借助传统媒体的力量

如今，自媒体日益发展起来，但是一些传统媒体还是存在的，例如：电视、报纸、杂志等。对于有着一定经济实力的公司来说，花些钱打广告就是小菜一碟。微信公众号的运营者可以通过电视广告、报纸以及杂志等媒介来推销二维码，这样会得到很多人的关注。传统媒体的传播力量大，值得信赖。

3. 借助实物的力量

只要是能够印上文字的地方，都可以印上二维码。过节时，有的企业会给每位员工发一个杯子，杯子上面印着企业的名字和logo。换个思维，如果把杯子送给用户，把微信公众号的二维码印在杯子上，这个二维码就会被用户身边的很多人关注。

对于卖衣服的微商来说，可以向用户赠送小镜子，在镜子的一面印上微信公众号的二维码，这样也可以起到推销二维码的作用。

■ 摇一摇，扫一扫

人们对于手机的摇一摇功能早已熟悉，摇红包、摇好友。通过摇一摇，微信营销者可以获得大量的客户资源。轻轻地摇一摇，就可以使微信公众号的粉丝数量翻倍增长。

扫一扫的功能也很强大，每个微信公众号都有一个二维码，人们拿着手机扫一扫二维码，就可以关注该公众号。对于微信营销者而言，把自己开通的微信公众号二维码印在名片上，或者把二维码印在饭店的桌子上，这样都能有效地提高产品曝光度。

客户轻轻动一动手指，就可以为某个品牌做宣传。作为微信营销者，要充分利用微信的摇一摇、扫一扫功能获取客户资源，提升品牌知名度。

■ 漂流瓶

到目前为止，微信任何一个版本都有漂流瓶功能。通过小小的虚拟瓶子，微信营销者可以免费打广告，还可以把产品信息发送到许多地方，提升产品知名度。

需要注意的是，漂流瓶的使用数量有限。一般情况下，每个用户每天可以使用20个漂流瓶。通过微信官方可以修改瓶子的参数，有效提高瓶子被捞到的概率。

漂流瓶营销方法

漂流瓶营销技巧	内容描述
发送文字信息	微信漂流瓶的最常用功能就是发送文字信息，这样可以有效推广产品信息。需要注意的是，文字要有内容，也就是通过文字指出客户需求，让用户感到有利可图。设置漂流瓶的文字信息时，要突出产品亮点，这样会更有吸引力。
发送语音信息	除了文字信息之外，还可以通过漂流瓶发送语音信息。语音给人的感觉很亲切，当用户捞到瓶子时，出于好奇心，会点击语音，这样可以有效推广产品。

■ "附近的人"

微信中有一项功能可以快速吸引粉丝，即"附近的人"。这项功能融入了LBS（定位服务），在锁定用户自身地理位置的同时，定位周边一定范围内的人。

"附近的人"可以显示用户的名字和签名，这就为商家挖掘潜在用户提供了便利。

对于商家来说，应充分发挥签名栏的作用，通过签名栏打广告。虽然，在签名栏里最多只能写30个字，但它相当于微商的广告牌。商家可以把产品的亮点、服务以及优惠信息简单地写在签名栏中，当用户搜索"附近的人"时，就会看到签名栏里的信息，这样对方很容易成为商家的客户。

张女士和好姐妹一起去逛商场，有人通过微信查找到她，对方是位于附近的一家美食餐厅。

离开商场之后，刚好路过这家餐厅，于是，她们就进去点了几个菜尝了尝，有辣子鸡丁、糖醋里脊、干煸扁豆、麻婆豆腐、苦瓜炒鸡蛋等。

吃完以后，她感觉这家餐厅的菜的味道非常适合她，于是她就关注了该餐厅的微信公众号，想再来这里吃饭。另外，她还把该餐厅微信公众号的二维码分享到微信朋友圈。

对于微信公众号的运营者来说，充分利用"附近的人"可以吸引许多人的关注，有利于吸引更多粉丝。

微信群运营

每一个微信群都是社群，每一个微信公众号都在运用社群营销。要想用微信做好社群营销，就要充分了解微信群。

微信群是私密的，一个微信群里的人，大多都认识。其实，每个人都可以建立微信群，把自己的一些微信好友拉进微信群中。通过在微信群里不断地交流，可以拉近自己与好友之间的感情。

企业建立微信群，可以把众多粉丝拉进微信群中，与粉丝多沟通，从而拉近与粉丝的距离，推广企业的产品。通过微信群来宣传产品，成本较低。

微信中的任何一个成员都能添加自己的微信好友入群，根本不需要对方同意。因此，建立微信群比建立QQ群要简单一些。

■ 建立微信群

建立微信群的步骤有以下几步：

（1）进入微信通讯录界面，点击"群聊"即可进入群聊界面。

（2）点击群聊界面右上角的"+"，进入"发起群聊"界面，选择相应的微信好友，点击"确定"。

（3）成功建立一个微信群之后，点击右上角的"聊天信息"即可修改群用户、群聊名称以及群二维码等。

（4）凡是加入微信群的成员，均可以在群里相互交流，还可以发微信红包、分享链接。

其实，对于企业来说，要想通过微信进行社群营销，建立微信群是一个非常好的方式，这样做不但可以节约成本，还能省去很多麻烦。

■ 加入微信群

到目前为止，用户加入微信群有两种方式，一种方式是通过群中的人邀请入群，另外一种方式是通过扫描二维码加入微信群。

在微信群的"聊天信息"界面，点击"群二维码"即可查看该群的二维码名片，其他用户可以通过扫描该二维码加入微信群。

企业可以加入一些兴趣爱好比较集中的群，一般来说，这样的微信群，群内成员的质量较高。只要可以吸引微信群中的某一个成员，就可以有一个良好的传播效应。

■ 微信群运营策略

如今，有许多微信群都是消费者搜索产品的重要场所。通过微信群的功能，可以实现一对多的沟通。

初始微信群的上限为100人，目前可以扩展到500人，每个微信号可建立的群的数量并没有限制。

下面来了解一下微信群的运营方式。

1. 开展趣味活动

基于共同的兴趣爱好和话题，微信用户可以在微信群中进行多人畅聊。每天都可以寻找一些热点话题，大家一起讨论。可以定期进行智力问答、猜谜语、讲笑话等有趣的小游戏。若企业官方开展了活动，可以同步开展微信活动。

2. 打造微信群矩阵

企业可以建立多个微信公众号和微信群，相互推广信息，使社群成员变成企业的推广专员，为企业宣传产品。

3. 注重内容运营

针对微信群的定位，每天可以发布1～5条内容。例如：微信打折购物群，每天可以发布3条内容，内容可以针对特价商品来撰写，要有吸引力。

4. 会员的运营

企业应该积极与群内比较活跃的会员进行沟通，使会员帮助企业发布内容，带动其他会员参与。

■ 推广信息

微信群具有强大的信息传播能力，可以使产品得到有效推广。例如：一个经营着微店的商家，可以通过微信群定向发布产品的最新信息，从而吸引消费者的注意力。

微信群的消息是主动推送给社群成员的，因此社群成员看到消息的几率要高于朋友圈。

下面来说一下如何正确地推广微信群的信息。

1. 广告合作

企业或个体商家可以通过互换广告位的方式在其他网站发布微信群二维码，进行相关的推广。

2. 充分利用人际关系

企业可以充分利用自身的人际关系推广微信群，让微信好友帮助宣传，使更多微信用户加入到微信群中。

3. 通过微信公众号进行导入

企业可以建立与微信群主题相关的公众账号。微信公众平台每天都需要在一定的时间内推送内容，企业可以在推送的内容中添加微信群的信息，这样企业就可以获得更多的社群用户，从而进行信息推广。

■ **推广微信群的注意事项**

微信群的所有成员都可以修改微信群的名称，因此每天都应查一下群名称是否被修改。

企业可以通过微信网页版来管理微信群。

在微信群建立的初期，每天尽量别发送大量内容，以免使群成员感到反感而主动退群。

微信朋友圈

在微信朋友圈，每个人随时都可以发布自己的动态，包括个人心情、图片、视频等。随着手机的普遍应用，人们在闲暇的时候喜欢刷一刷朋友圈，因此企业可以利用微信朋友圈来做软文营销，获取人流量和品牌关注度。

微信朋友圈是一个维护朋友关系的平台，若企业能够抓住朋友圈的这个特点，在朋友圈中放一些人们喜欢看的资讯，就可以增加企业与粉丝之间的亲密度。

在朋友圈提高企业与社群成员的黏度之前，应该先了解一下微信朋友圈的主要特点。

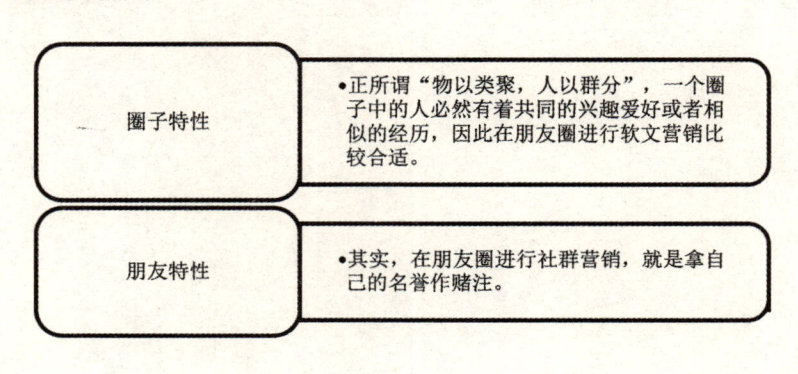

圈子特性	•正所谓"物以类聚，人以群分"，一个圈子中的人必然有着共同的兴趣爱好或者相似的经历，因此在朋友圈进行软文营销比较合适。
朋友特性	•其实，在朋友圈进行社群营销，就是拿自己的名誉作赌注。

微信朋友圈的这两种特性，为企业开展社群营销奠定了坚实的基础。

■ **微信朋友圈社群营销的核心**

就企业的微信朋友圈来说，关注企业的人一般都对企业有着一定的了解，因此，对于企业在朋友圈中发布的信息，其可信度更高。

要想顺利开展微信社群营销，就要了解微信朋友圈社群营销的核心。朋友圈社群营销的核心就是"深化与好友之间的关系"。如果企业可以深化与好友之间的关系，就可以获得长远的利益。

若要深化与好友之间的关系，就要掌握以下技巧。

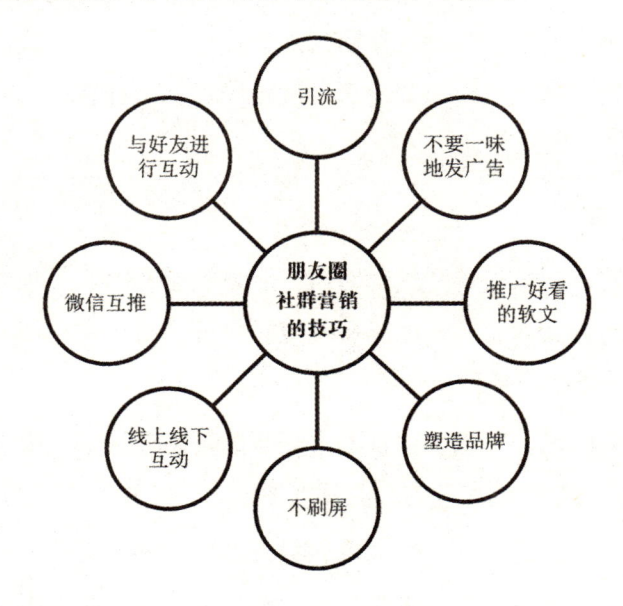

朋友圈社群营销的技巧：引流、不要一味地发广告、推广好看的软文、塑造品牌、不刷屏、线上线下互动、微信互推、与好友进行互动。

1. 微信互推

企业可以通过微信朋友圈进行品牌互推，这样可以起到非常好的效果。企业可以先以图文并茂的形式来描述一下自己，然后把内容发送给好友，让好友在他的朋友圈中转发消息。这样一来，企业的曝光率就会增加。

2. 线上线下互动

若企业有自己的实体店，那么可以把微信二维码印在店里醒目的地方。若顾客到实体店购物，那么可以引导用户加企业的个人微信号或公众号。可以开展扫描二维码的活动，例如：扫描二维码即可获得精美小礼品、扫描二维码后购买商品即可打折等。企业可以经常发送一些新产品信息到微信朋友圈或企业微信公众平台。

3. 不刷屏

这里所讲的"不刷屏"是指不要一味地刷屏，也就是说，不要在短时间内连续地在微信朋友圈发送信息。无论信息是何种形式的，都可能会引起别人的反感。千万不要一天到晚地刷屏，这样，广告的嫌疑太重反而会影响推广效果。

4. 塑造品牌

企业在朋友圈做社群营销的时候，应该把企业的产品描述清楚。在分享信息的时候，要有自己的正确观点。另外，对于微信朋友圈中的信息，企业应该学会点赞和评论。

需要注意的是，在微信朋友圈中分享的信息应该是积极的、带有正能量的，这样可以塑造良好的企业品牌形象。

例如：对于服装企业来说，可以在微信朋友圈发布一些服装搭配的技巧，顺便介绍一下企业的最新服装。相信爱美的人都会对服装搭配感兴趣吧。

5. 推广好看的软文

企业可以根据产品的特征，找一些相关的文章。在推送文章时，可以在文章的结尾处添加企业产品的简短介绍，还可以附上企业的个人微信号或公众号。若把软文修改后发送到论坛，推广效果会更好。

6. 不要一味地发广告

企业在微信朋友圈中发布的信息，不要全是产品介绍的信息。可以把企业的日常写照信息发到朋友圈，最好是图文并茂的形式，这样可以吸引更多人的关注。

7. 引流

若企业的微博（新浪微博、腾讯微博）粉丝较多，可以引导这些粉丝加企业的微信公众号或个人微信号，这就是引流。

8. 与好友进行互动

企业可以通过个人微信号与微信上的好友进行互动，为对方的微信朋友圈信息点赞，或者对信息进行评论。通过互动，可以让对方感觉到企业在关注他。

■ 经典案例：微信朋友圈的疯狂猜图

在2013年6月，有一款游戏风靡微信朋友圈，那就是有意思的"疯狂猜图"。这款游戏没有在传统游戏平台进行过多宣传，而是通过微信朋友圈的高效传播彻底火了一把。

这款益智游戏可以不断地扩大玩家的知识面，注重互动，让人们在消磨时间的同时学到知识。

"疯狂猜图"游戏非常简单，一般人都可以进行操作。在玩游戏的过程中，人们可以获得无穷的乐趣。

进入游戏之后，系统会自动提供一张图片，给出24个待选汉字或者字母，用户要在答案框中输入正确答案。若实在猜不出正确答案，可以选择用金币获得提示，还可以分享到微信朋友圈中向好友求助。

"疯狂猜图"游戏的用户将猜图问题分享到朋友圈，这种行为就是一种社群行为。对于微信用户而言，微信朋友圈就是朋友之间的一个社群。通过朋友圈，用户可以与自己熟悉的朋友进行交流，对朋友圈的信息进行点赞或评论。若遇到问题了，好友之间还可以互相帮助。

其实，用户"分享到微信朋友圈"的动作对"疯狂猜图"的火爆起到了一定的作用。用户猜不出游戏的正确答案，就会把游戏分享到朋友圈求助，朋友圈的好友打开信息之后，会进行下载，成为该款游戏的新用户。当新用户玩游戏遇到困难时，也会把游戏分享到自己的朋友圈中，这样，该款游戏又能获得一些新用户。就这样，这个传播的链条源源不断，通过微信朋友圈的分享行为，游戏十分火爆，用户越来越多。

在微信中，微信好友相互之间都很熟悉。"疯狂猜图"借助微信这个平台实现了爆发式的增长，让人震惊。"疯狂猜图"的成功证明了口碑传播的力量，也证明了微信平台的力量。

相信很多微信用户都在微信上抢过红包，除了抢红包，微信还开发了许多有意思的小游戏。可以说，用户乐于使用微信是理所当然的事情，因为这些游戏可以为人们带来欢乐。

在这个时代，那些赤裸裸的广告往往不会让人喜欢，而富有创意的广告可以激发人们的兴趣。除了每天通过微信推送信息之外，企业还可以开发有趣的小游戏，然后把广告植入到游戏环节中。

"疯狂猜图"的营销模式主要有三种。

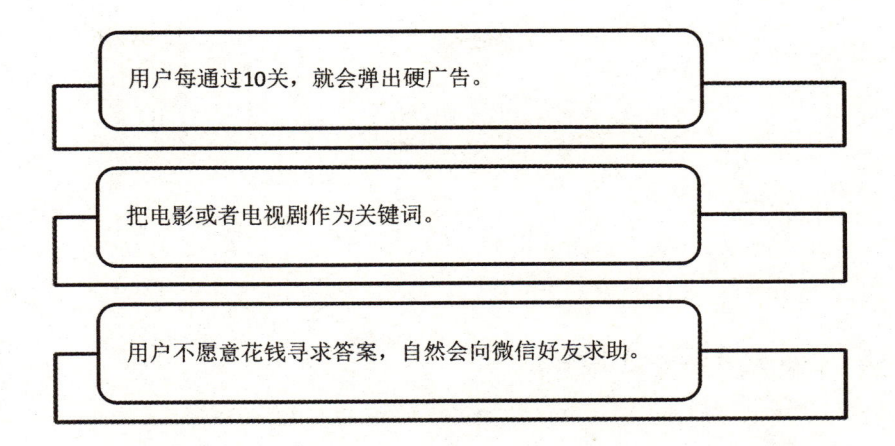

- 用户每通过10关,就会弹出硬广告。
- 把电影或者电视剧作为关键词。
- 用户不愿意花钱寻求答案,自然会向微信好友求助。

"疯狂猜图"有一个特别强大的功能,就是用户可以把APP上面的游戏状态发送到微信上。微信上面的好友看到之后,只要点击链接就能在网页端上继续玩。

"疯狂猜图"中广告收入的比例很大,由于玩家的数量较多,所以吸引了许多广告商的关注。通过在游戏中植入广告,可以获得高额的广告费用。

"疯狂猜图"能够在短时间内迅速获得用户的关注,主要有两方面的原因:

(1)充分利用了微信朋友圈的影响力。

(2)对于游戏本身以及目标人群的定位准确。

微信公众号运营攻略

就社群营销来说，微信公众号是十分重要的营销媒介。许多企业都在微信公众号上展开社群活动，例如：前面介绍过的罗辑思维、海底捞等。

下面先来了解一下微信公众号的类型。

在微信公众平台，企业或者个人均可以通过发送文字、图片、语音等方式进行交流。微信公众号主要有三种，即订阅号、服务号和企业号。

订阅号	• 微信订阅号为媒体和个人提供一种新的信息传播方式。
服务号	• 微信服务号为企业和组织提供了强大的业务服务与用户管理能力，帮助企业快速构建公众服务平台。
企业号	• 微信企业号为企业或组织提供移动应用入口。通过企业号，企业可以与员工、上下游供应链建立连接。

不同类型的微信公众号有着不同的功能，下面就详细介绍一下各种微信公众号的功能。

微信公众号类型	功　　能
订阅号	主要偏于为用户传达资讯（类似报纸杂志），认证前后都是每天只可以群发一条消息
服务号	主要偏于服务交互（类似银行，114，提供服务查询），认证前后都是每个月可群发4条消息
企业号	主要用于公司内部通讯使用，需要先有成员的通讯信息验证才可以成功关注企业号

对于企业而言，微信公众平台是一对一的沟通工具，同时还是社群营销的重要阵地。企业、媒体与用户之间的对话具有私密性的特点，因此企业与用户的亲密度较高。通过与用户的交流，企业可以向用户推送真正有价值的信息，满足用户的相关需求。

微信具备高效的传播效应，但企业并不可以把微信单纯地看作是一个销售平台。在这个时代，企业有各种宣传产品的渠道，缺乏的是顾客对企业的信任。而微信恰恰可以作为企业与顾客沟通的桥梁，增强顾客对企业的信任度。

企业可以将微信公众平台作为推广品牌的阵地，吸引更多的人成为企业微信公众号的粉丝。

通过推送内容及与粉丝的沟通，企业可以把普通粉丝转化成忠实粉丝。忠实粉丝会变成企业的高质量社群成员，一旦忠实粉丝与企业建立了信任，认可企业的品牌，那么自然会购买企业的产品。

■ **公众号文章择时推送**

对于微信营销者来说，不仅要撰写高质量的公众号文章，还要合理安排文章的推送时间，尽量避开用户工作繁忙的时间段。

向用户推送文章的3个最佳时间段如下：

1. 早上7：00到8：00之间

一般来说，早上7：00到8：00之间，很多用户在吃早饭或者在上班路上。有人喜欢一边吃早饭一边看微信，有人坐公交车、地铁时会拿出手机看新闻。在7：00到8：00之间向用户推送微信软文，很多用户都会打开看一看。早上，向用户推送一些产品最新动态时，可以顺带着加一些新闻资讯，这样更容易得到用户的关注。

2. 中午11：00到12：00之间

一般来说，中午11：00到12：00之间是人们吃午饭的时间，有人会稍微晚些。在11：00到12：00这个时间段，餐饮公司可以通过微信公众平台向用户推送美食优惠信息，用户看到以后很可能会订餐。

3. 下午17：00到晚上21：00之间

很多人在下午17：00就下班了，有人会晚半个小时至一个小时。17：00到21：00这个时间段是很多人休息、娱乐的时间，在这个时间段可以向用户推送健康养生、幽默的微信软文，并穿插一些商品信息。

■ 快速吸粉的方法

要使一个微信公众号成为一个热门账号，就要掌握快速"吸粉"的方法。

1. 微信互推

通过微信互推可以有效"涨粉"，通过微信私号带动企业微信公众号，把微信好友转化成微信公众号粉丝，然后让微信好友帮忙分享微信公众号，从而不断扩大粉丝数量。当微信公众号的粉丝数量过千以后，就可以与其他热门微信号合作互推。

2. 让身边的人助推

人多力量大，若微信营销者有一定的人脉资源，那么就可以开通一定数量的微信小号，然后添加身边的亲人、好友以及好友公司的同事等，借助大家的力量，通过群发信息、名片等方式宣传微信公众号，扩大品牌影响力。

3. 开展营销活动

通过开展营销活动，可以有效增加微信公众号的粉丝数量。活动分为线上活动和线下活动，这两种活动是独立的，可以单独进行，也可以同时进行。一般情况下，开展营销活动所吸引的粉丝数量是很可观的。需要注意的是，开展的活动要有趣、有意义，还要具有创新精神，不能太死板。

4. 借助手机通讯录和QQ

如果营销者拥有了一定的客户群，那么就可以从手机通讯录中获取粉丝。这种方法很简单，把手机通讯录中的客户手机号码导入微信，若对方开通了微信，那么就有可能使其成为微信粉丝。

对于营销者而言，QQ是一个资源丰富的平台，通过这个平台可以吸引大量粉丝。这里提供一个小窍门，把QQ头像设置成微信二维码，这样可以有效推广微信公众号。另外，还可以直接在QQ群中发布微信公众号的相关信息。营销者可以先将自己的QQ好友转化成微信粉丝，然后借助对方的人脉圈来推广自己的信息。营销者还能借助QQ空间、QQ邮箱等平台来推广微信公众号，从而吸引大量粉丝的关注。

5. 借助个人名片

营销者可以把微信公众号的二维码印在个人名片上,这样,在向别人递出名片的同时就宣传了微信公众号,只要对方扫一扫二维码,就会成为微信公众号的粉丝。通过名片来吸引粉丝数量,可以节省宣传的资源。

6. 提升微信公众号的曝光度

如今,微信营销越来越受欢迎,网络上出现了一些推广微信账号的导航网站,如微信园、微信聚等,只要微信营销者把自己开通的微信公众号放在这些导航网站上,就可以增加曝光度,从而获取大量粉丝的关注。

微信红包

对于人们而言，能够收到或者抢到微信红包是一件特别喜庆、有意思的事情。微信中发红包的功能出现之后，很多人过年过节的时候都会发微信红包，有的老板会通过发红包的形式来奖励员工，情侣之间也会通过发红包的形式来给对方惊喜。收到红包信息时，点开、确认，这是一件能令大多数人瞬间感到开心的事情。

如今，在微信群中抢红包是常有的事情，微信成为了"抢红包"的平台，人们希望在微信社群中享受"抢红包"的乐趣。企业可以通过微信红包来活跃社群的气氛。

微信通过自己的社交属性展开了现金红包推广的模式，是花小钱办大事的营销典范。通过微信、QQ、微博、支付宝等社交平台的酝酿，如今互联网上的红包已经成为企业吸引用户的手段。

企业在微信社群中发一个红包，金额可大可小。用户一般都对抢红包感兴趣，抢红包这个过程同时也是企业与社群用户互动的过程。

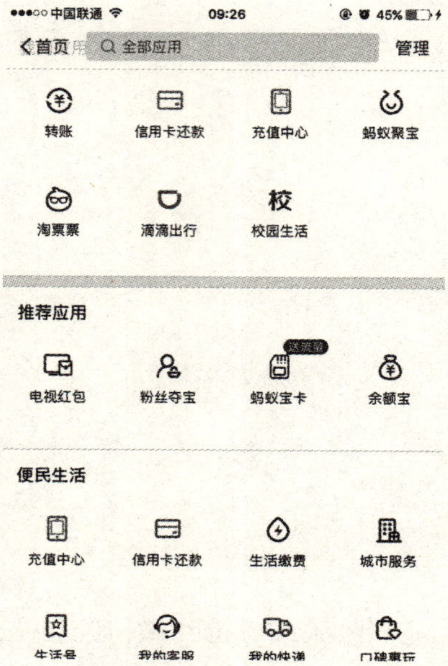
中国联通
09:26
45%
首页
全部应用
管理
转账
信用卡还款
充值中心
蚂蚁聚宝
淘票票
滴滴出行
校
校园生活
推荐应用
电视红包
粉丝夺宝
送流量
蚂蚁宝卡
余额宝
便民生活
充值中心
信用卡还款
生活缴费
城市服务

拼手气群红包
普通红包
未领取的红包，将于24小时后发起退款

微课

随着微信的普及,"微课时代"以及"微课网"等微信公众号受到很多人的青睐。

微课是指按照新课程标准、教学实践要求,以短视频为主要载体,记录教师在课堂内外的教学与活动过程。

■ **微课的特点**

微课的显著特点就是"微",微课以短视频为主,时间不是很长。微课与传统的学习方法有一定的区别,主要体现在以下三点。

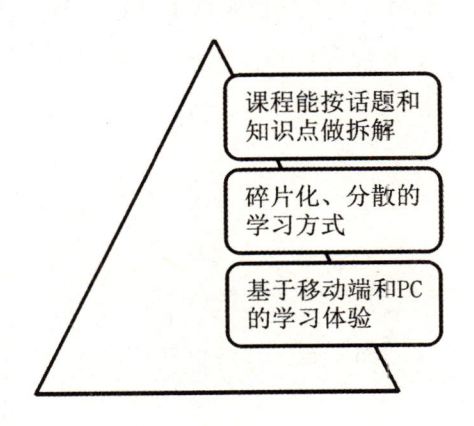

- 课程能按话题和知识点做拆解
- 碎片化、分散的学习方式
- 基于移动端和PC的学习体验

■ 微课的方式

微课的方式有信息图、短视频、微信群的语音+图文分享的形式。

1. 信息图

信息图因其"化繁为简"的特点而深受人们的喜爱，具有趣味性和可读性的特点。信息图把大量的文字信息用图形化的方式呈现出来，使读者可以快速抓住问题的核心。

要制作微课信息图，就要对所讲的内容有一定的理解，要以通俗易懂的框架形式表现出来，使人们学习到知识。

2. 短视频

短视频只有5～8分钟，一般不会超过10分钟。短视频利用自身的时间优势，把大量的学习内容切割成一个个小的片段，这样很容易使人们获得学习的成就感。

为了解决跨平台的问题，短视频以MP4作为主流短视频格式，在短视频上实现真人讲授。另外，短视频还可以用动画的形式表现出来。

3. 微信群的语音+图文分享

目前，微信群的语音+图文分享是许多社群做微课的主要模式。通过微信群的分享时间在40分钟至1小时不等，在讲课的过程中，还可以设置互动答疑环节。

■ 微课的特征

许多微课的学者都通过微信群来分享、讨论、讲解知识，使社群以"微课"作为大家共同的话题，社群成员可以一起学习。

在微信社群中，微课的听众应该具备以下两个特征：

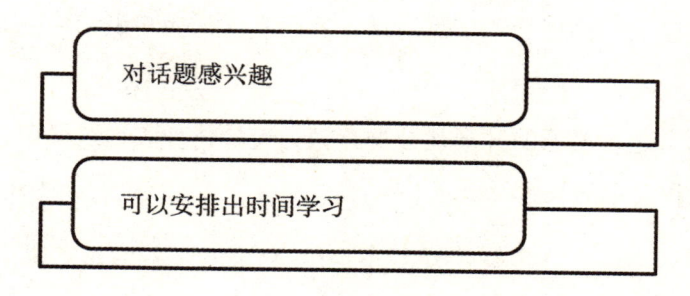

- 对话题感兴趣
- 可以安排出时间学习

微课具有以下三种讲课形式：

（1）授课者先分享某个话题中的一部分，使听众关注这个话题，展开体验式教学。

（2）一般来说，用40分钟至1个小时的时间就可以把一个案例剖析清楚，呈现一个完整的观点。

（3）把完整的话题按照知识点进行拆解，每次可以分享一小部分。

通过这三种讲课形式，微课能与听众形成"一对一"以及"及时性强"的气氛，增加授课的成功率。

微课成功的三个关键因素：

- 有互动
- 内容聚焦
- 直击听众需求

企业可以充分利用好微课,把握目标消费群体的学习需求,在讲课中注入自己的产品理念和产品内涵,从而实现传播知识和传播品牌的同步进行。

总而言之,微课的开展是社群营销的一种体现。通过微课,企业可以发掘社群营销的长远价值。

微信SEO

如今,许多企业都意识到了微信社群营销的重要性,纷纷尝试微信社群营销。在这个过程中,添加用户不是问题,如何寻找精准的社群成员才是最重要的。

如果企业想让社群成员主动加入社群中,需要借助微信的SEO功能,这样就可以使用户主动搜索到社群并添加进社群。

那么,什么是微信SEO呢?

微信SEO就是指微信中的"查找公众号"功能,通过搜索的排名规律,可以对微信公众号进行合理优化,使企业的微信公众号在搜索结果中排名靠前。

SEO有着一定的优点,它可以把关键词优化到搜索引擎的前面,带给企业精准客户。在互联网时代,SEO主要针对的是百度搜索引擎。把关键词优化到百度的第一页,自然会有一些客户主动找到企业。

> 用户会主动加企业的微信公众号,而不是企业主动去加用户

> 通过微信SEO加企业微信公众号的用户,就是企业的精准客户

利用微信SEO加入企业公众号的用户，企业公众号的运营人员可以把用户导入个人微信号或微信群中，这样可以实现"一对一"的交流，从而进一步了解消费者的需求。

在移动互联网时代，微信SEO占领了SEO界的前排位置，为许多社群营销企业带来了精准社群成员。如今，微信SEO已经成为了企业营销的利器。

京东线上"购物圈"

在京东还未正式推出"购物圈"之前,有许多专业人士推测"购物圈"是微信官方弄出来的。事实上,是微信和京东进行了合作,共同推出了"购物圈"功能。在"购物圈"正式推出之后,企业的社群营销又多了一条新的路径。

■ Feed广告——购物圈

2014年,Facebook和Twitter都引入了"购买"功能。2015年3月,Facebook收购了电商搜索引擎The Find,以此来加强社交网络广告,从而使Facebook在电子商务领域不断扩展。

在Facebook引入了"购买"功能之后,微信在朋友圈引进了Feed广告。这里所说的"朋友圈Feed广告",就是指在朋友圈发布的消息中插入的一种广告形式,这种广告收费形式按照粉丝的参与度来判定。

对于企业而言，Feed广告可以帮助解决以下两种问题。

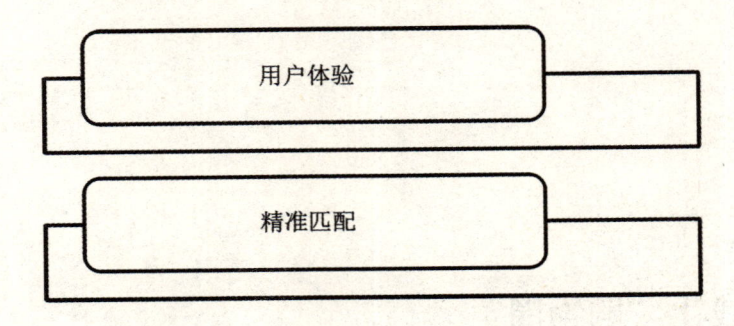

```
┌─────────────────────────────┐
│          用户体验            │
└─────────────────────────────┘

┌─────────────────────────────┐
│          精准匹配            │
└─────────────────────────────┘
```

1. 用户体验

互联网产品向移动端的演化使广告展示位不断减少，若在移动端也采用与PC端类似的弹窗、悬浮窗等广告形式，会影响用户体验。而Feed广告则可以便捷地融入在信息之中，不会影响用户的体验。

2. 精准匹配

Feed广告是根据性别、年龄、爱好以及地理位置等用户标签进行精准匹配。

微信的Feed广告可以减少广告位的稀缺问题，使更多企业投入微信的Feed广告之中。微信与京东建立的"购物圈"，就是一个引导用户购物的社群，这个购物圈不需要企业专门投入广告来影响用户，而是想让用户利用分享渠道来带领其他用户购买产品。在整个过程中，用户之间可以相互交流，从而形成一个社群。

■ 多维社群

用户在"购物圈"中能够形成多维的社群。一般来说，在以下两种情况下可以形成多维社群。

> 用户A和用户C购买了同样的产品，拥有共同话题，形成多维社群

> 用户C因为用户A的分享信息而购买同样的产品，拥有共同话题形成多维社群

通过用户的分享行为，人们会因为某件产品而形成一个共同的话题，分享的用户会成为某件商品的"达人"。用户可以通过自己的好友关系来促成"达人"经济，活跃气氛。

在"购物圈"中进行营销，比在"朋友圈"中不断刷屏要好得多。社群经济有一个显著的特点，就是用户的黏性高。

若"购物圈"和"朋友圈"可以相互转化成购物场景，那么对一些企业品牌而言，就是增加了营销的砝码。

激活用户参与感

对于许多用户而言，微信的第一属性是社交，而非电商。京东认识到了这一点，继公众平台之后推出了"购物圈"功能，这样做的主要目的是提高用户的参与感。

"购物圈"具有以下两个特点：

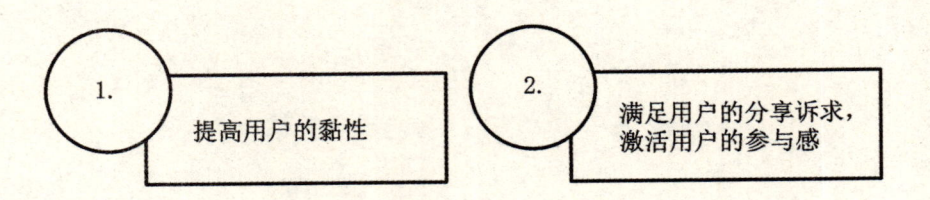

| 1. 提高用户的黏性 | 2. 满足用户的分享诉求，激活用户的参与感 |

如果一个用户在"购物圈"中买了一件商品，感觉还不错，想要分享给其他用户，就可以在"购物圈"中发布分享消息。用户在"购物圈"中的分享，可以增进用户彼此之间的交流，发布分享信息的用户还可以获得佣金。

微信社群运营经典案例

■ **罗辑思维的微信社群运营**

罗辑思维最大的价值就是构建了一个顶级的微信社群，并通过这个微信社群展开营销。罗辑思维的成功，值得许多企业借鉴。

那么，罗辑思维是如何构建社群的呢？罗辑思维构建社群，有三点做得非常到位。

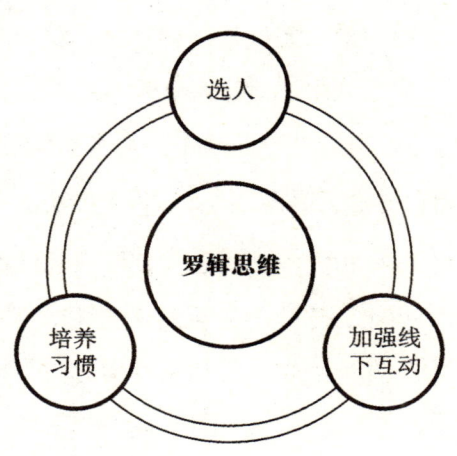

1. 选人

罗辑思维的用户多为85后喜爱读书的人，这群人有着共同的价值观、爱好，热爱知识类产品。另外，要成为罗辑思维的会员，需要交钱，费用分为两种，即200元和1200元，通过收费可以确保会员付出实际行动。

2. 培养习惯

培养相同的习惯，可以进一步固化会员的"自己人效应"。罗辑思维固定每天早上发送语音消息，这样可以培养用户的阅读习惯。

3. 加强线下互动

加强线下互动很重要，罗辑思维曾举办过很多线下活动，例如：霸王餐、爱与抱抱等有意思的游戏。

关于罗辑思维的目标受众群，罗振宇在罗辑思维微信公众号上有明确的说明："我们想要打造的是一个有灵魂的知识社群，一帮自由人的自由联合。"罗辑思维的受众定位为爱智求真、积极上进、自由阳光、人格健全的年轻人。当受众群确定之后，罗振宇的团队以匠人的姿态，用"死磕到底"的专业精神，在产品制作上实现了专业化，并且以高品质的产品质量打造出自己的金字招牌，因此获得了成功。

除了每天的60秒语音和推荐文章之外，罗辑思维微信平台还发起了一系列有趣的活动。例如：呼吁网友转发并@湖南卫视工作人员，帮助罗胖上《天天向上》；发起罗辑思维封面"神对白"；征集新书发布海报和广告词等活动。

■ 滴滴打车在微信的闭环营销

2012年9月,"滴滴打车"软件开始投入市场使用,这款软件为人们打车提供了极大便利。滴滴打车有着独特的运营模式,这正是它成功的原因。

曾经一度使用嘀嘀打车并选择微信支付时,乘客便可以立减10元(奖励不断升级),每天3次,新乘客首单可立减15元;司机首单立奖50元等。

1. 滴滴打车的几个特点

(1) 当用户通过滴滴打车软件提出打车需求之后,该打车需求会被发送到滴滴打车的服务器上。

(2) 滴滴打车服务器通过和互联网地图提供商的合作,把用户所需的打车信息反馈给用户,让用户选择打车的起点、终点以及打车预期的费用。

(3) 滴滴打车把用户的电话资料以及打车信息发布到滴滴打车的搜索界面,以便司机进行搜索。

(4) 司机通过对用户信用的评价,用户也能对司机的信用进行查看,双向选择是否进行服务或者消费。

(5) 若双方有一方拒绝,则再次从头开始。若用户和司机双方完成打车服务,则通过第三方合作互联网支付商付款给司机,用户和司机都可以享受滴滴打车的优惠,达到共赢的目的。

2. 滴滴打车流程图

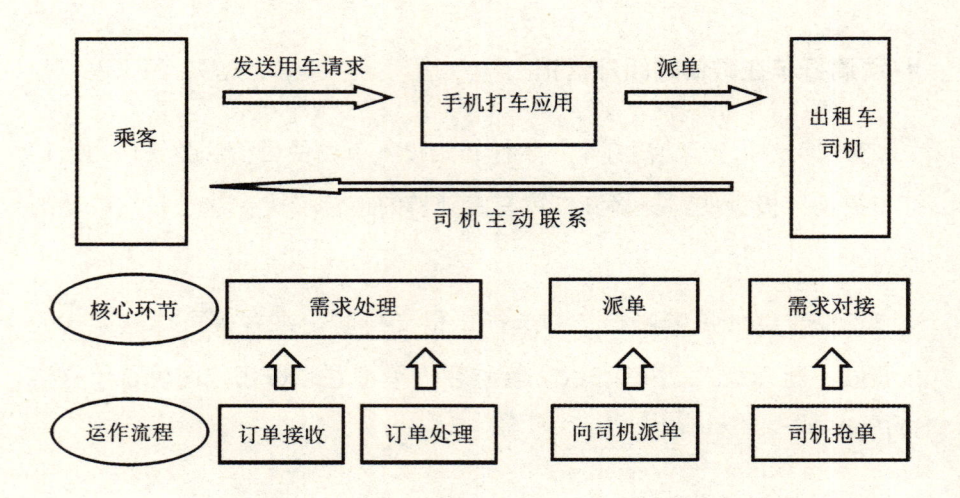

```
乘客 --发送用车请求--> 手机打车应用 --派单--> 出租车司机
乘客 <----司机主动联系---- 出租车司机
```

核心环节：需求处理 → 派单 → 需求对接

运作流程：订单接收 → 订单处理 → 向司机派单 → 司机抢单

3. 使用嘀嘀打车的步骤

步骤一：进入微信以后，依次点击"我"和"钱包"。

步骤二：进入"我的钱包"界面，即可看到"滴滴出行"功能，点击进入。

步骤三：在"您在哪儿上车"和"您要去哪儿"输入信息。

步骤四：在乘客位置附近的出租车司机就可以看到乘客的具体信息，接单后前往乘客的所在地址。此时，乘客可以收到出租车司机的联系方式等相关信息，等待出租车到来。

步骤五：在出租车司机到达乘客的所在地址时，乘客要先上车，然后司机点击已上车，到了目的地时就可以使用微信进行支付。

■ 招商银行的爱心漂流瓶

微信官方设置了"漂流瓶"，这给很多商家提供了商机。微信商家通过扔"漂流瓶"做活动推广,这使普通用户"捞"到的频率也会增加。

招商银行曾发起一个微信"爱心漂流瓶的活动",微信用户用"漂流瓶"功能捡到招商银行"漂流瓶",用户回复之后,招商银行就会通过"小积分,微慈悲"的途径为孤独症儿童提供帮助。在此次活动期间,用户每捡十次"漂流瓶",就有一次机会捡到招商银行的"爱心漂流瓶"。

招商银行的这次活动,不仅帮助了一些儿童,还使品牌得到了推广,使更多人知道了招商银行。

通过微信开展活动,确实是一种推广品牌的好方法。招商银行是运用微信漂流瓶营销比较成功的一个案例。

其实,很多企业都可以向招商银行学习,充分利用"漂流瓶"功能,可以适度地推送一些宣传语,也可以开展活动。在节省资金的情况下,运用漂流瓶来营销,是一个很好的选择。

当然,并不是所有企业都适合使用"漂流瓶"这个功能。一般来说,产品定位准确了,才能利用好"漂流瓶"功能。

■ 中国南方航空公司微信营销

中国南方航空公司也是一个善于使用微信平台来营销的公司。

中国南方航空公司总信息师胡臣杰曾表示:"对今日的南航而言,微信的重要程度,等同于15年前南航做网站。"

目前,微信、网站、短信、手机APP、呼叫中心是南航五大运营模式。关于微信,胡臣杰曾表明:"在南航看来,微信承载着交流的任务,而不是推广。"

在2013年1月30日，南航微信发布了第一个版别，在国内首创推出了微信值机功能。随着南航微信功能的不断开发完善，乘客能预订机票、处理登机牌、查询航班动态。另外，乘客还可以查询相关出行攻略，查询城市气候等。

可见，微信在航空领域也占有了一席之地。

其实，南航可以开通微信平台，其他航空公司同样也可以。关键在于航空公司的产品定位和服务是否符合乘客的需求。

第 6 章　强大的 QQ 社群

　　QQ 是很多人都会使用的交流工具，起初人们只能用 QQ 来聊天，后来，腾讯又推出了 QQ 群、兴趣部落等功能，这就为个人和企业提供了一个营销平台。如今，QQ 公众号已经推出，QQ 公众号与其他功能一起形成了强大的 QQ 社群。

QQ社群——强大的营销圈子

腾讯QQ的诞生，伴随了许多人的成长。如今，"腾讯企鹅"已经成为许多人的宠物。有了QQ这款交流工具，人与人之间的交流更加方便。

对于相隔千里的亲人来说，QQ语音、QQ视频的出现，缓解了人们的思念之情。而企业版QQ还使企业与个人的办公便捷化，使产品推广快速化。

QQ缩短了人与人、企业与企业、企业与人之间的距离，无论走到哪里，只要拿着手机等电子设备，就可以走进畅聊的世界。

总而言之，QQ的诞生改变了人们原有的交流方式，取代了人们以前依赖的通信工具，QQ已和很多人建立了深厚的感情。若离开了QQ这款工具，人们会感觉很不适应。

从QQ产品的功能形态来看，过去的QQ主要是点对点的单向沟通。如今，QQ推出了QQ群、兴趣部落以及QQ公众号等功能，通过这些新出现的社群，群体间的沟通更加便捷。

如果说QQ账号是个人在网络上的一个虚拟身份，那么依托QQ群、兴趣部落、公众号建立的社群就相当于网上的虚拟组织。三位一体的QQ社群平台编织起一张很大的网。

各个社群是网络上的一个个节点，社群与社群之间也可以通过某种属性或者某种工具应用连接起来，形成社群生态圈。

无论是微信的崛起还是QQ的兴盛，都抓住了互联网与移动互联网的浪潮。在80后、90后中，很多人的成长环境都"不差钱"，因此他们有着独特的性格，追求自我个性的彰显。年轻人大多都会使用QQ，他们会主动寻找与自己有共同兴趣的部落人群，通过彼此间的兴趣点进行连接，相互交流，这是构成QQ社群的重要因素。

QQ空间、QQ群、兴趣部落以及QQ公众号等构成了强大的QQ社群，为用户提供了社交网络营销平台。通过社群营销，企业或个人均可以轻松地推广产品，获得收益。

可以说，QQ社群是一个虚拟的世界。QQ社群是人与人、企业与客户、企业与企业之间的纽带。信息在强大的QQ社群中流动，产品被推广，企业或个体营业者自然可以获得相应的红利。人们可以在QQ社群里交换兴趣，可以通过QQ社群平台开展有意义的活动，网络这张无形的网把人们连接在一起。人们通过网络技术创造了QQ社群，维持着社群纽带。

从某种角度来说，QQ社群和现实物理世界中所存在的社群并没有本质上的区别。其实，QQ社群本质上就是一种社会关系的连接，是线下人与人相互沟通的补充和支撑。如今，移动社群的黄金时代已经到来，QQ引领社群进入了崭新的时代，QQ社群营销已经全面爆发。

在多对多的沟通当中，存在着两种不同的形态，一种是微信群或讨论组，另外一种是以QQ群为代表的社群。

就微信群或讨论组来说，每个成员都是平等的，根本没有组织的概念，既没有组织ID，也没有管理员。就QQ群来说，则是有组织的圈子，这个组织是稳固的，有管理者、有ID和相应的制度。

如今，QQ移动群体系由QQ群、兴趣部落以及QQ公众号三驾马车布局而成。QQ群在各种场景中有天然的垂直属性，游戏、运动、办公等被打上标签，和关键词的同好或兴趣使用户聚集在一起，这就促进了移动社群的爆发。

以兴趣部落为例，兴趣部落是基于兴趣图谱发展而来的典型的移动社群产品。兴趣部落不以亲友、相识之人为建立社交的入口，突破了时空、地域、甚至代际差别的限制，将有共同兴趣的人连接在一起，组成志趣相投的组织。

从某种角度来说，贴吧和兴趣部落之间存在着一定的差别，贴吧是一种根据搜索衍生出来的信息聚合需求。而兴趣部落是在QQ群基础上衍生出来的，兴趣部落可以把分散在各个QQ群中具有相同兴趣的用户更加紧密地连接在一起。

QQ公众号的崛起

如今，QQ已经推出公众号，这给社群经营者提供了一个发布信息的平台。通过公众号的方式，社群经营者可以对内容进行更多的传播。

部落是主动浏览，而公众号是被动推送。若这两者可以结合起来，就可以使QQ的移动社群体系变得更丰满。有群、有部落，再以话题为中心，把所有群组合起来，QQ的整个生态将更加丰富。

微信公众号和QQ公众号有很大的区别，主要体现在以下几个方面。

微信公众号与QQ公众号的区别	
区别	概述
人群定位的区别	QQ公众号延伸了一些新的玩法，例如：QQ公众号信息推送更加精准。而微信公众号的信息只能群发
功能的区别	更多的社群功能可以集中起来支撑QQ公众号，例如：QQ群、QQ热聊、QQ兴趣部落等。而微信公众号就是独立的个体
移动化的区别	在手机端，通知类的公众号或者应用是很有需求的，例如：银行刷卡确认信息、快递物流跟踪等，QQ公众号在这个领域会有延伸。QQ公众号会针对大量的通知类消息做出新模板
推广的区别	微信公众号缺乏一个中心化的入口，运营者很难精准找到目标受众。而QQ公众号和社群的结合在一定程度上解决了推广的问题，一方面，QQ公众号可以与QQ群、兴趣部落打通，可以让运营者之前的单向信息传递变成更为紧密的双向互动；另一方面，可以通过QQ群以及兴趣部落精准找到目标受众和潜在粉丝

自2002年腾讯推出QQ群聊服务至今，已存在数百万个母婴群和行业交流群，数千万个同学群，运动群也已覆盖数千万运动爱好者，办公群更是覆盖30万个企业。

与此同时，QQ群开放平台将接入基于垂直场景的第三方应用。通过QQ群API开放政策，腾讯将在应用服务、变现渠道、腾讯云基础技术解决方案等方面提供支持。在变现方面，腾讯推出QQ群伙伴分成计划：接入QQ钱包支付，群应用内支付平台零分成，收益全部归开发者所有；另外，腾讯还接入广点通广告投放，与QQ社群伙伴共享广告收益，移动社群的商业化想象空间也将随之打开。

QQ群的社群功能

原本QQ只是一个供人们交流的平台，那么，为何可以使用QQ群进行社群营销呢？主要有以下几个理由：

（1）QQ群的覆盖面非常广，几乎涉及到了每一个年龄段。年轻人、老人、小孩儿等几乎都有一个专属的QQ号，QQ成为了人们日常生活的一部分。

（2）QQ群的容量较大，一个QQ群最多可以容纳2000人。

（3）QQ群的管理采用灵活的方式，QQ群主有着多种权力，例如：修改群名片、发布群公告等。

（4）QQ群有着较强的交互功能，支持多个群同时互动。

（5）在许多场景下，QQ群便于与社群成员互动。

（6）在QQ群进行群分享的内容，可以快速汇总，变成对外传播的文字分享版。

通过QQ群，人与人、企业与企业、企业与个人可以即时沟通，群内成员还可以单独聊天。由于QQ群有着话题集中的特点，因此，QQ群是一个理想的社群营销平台。

通过QQ群来进行社群营销可以从四个方面入手。

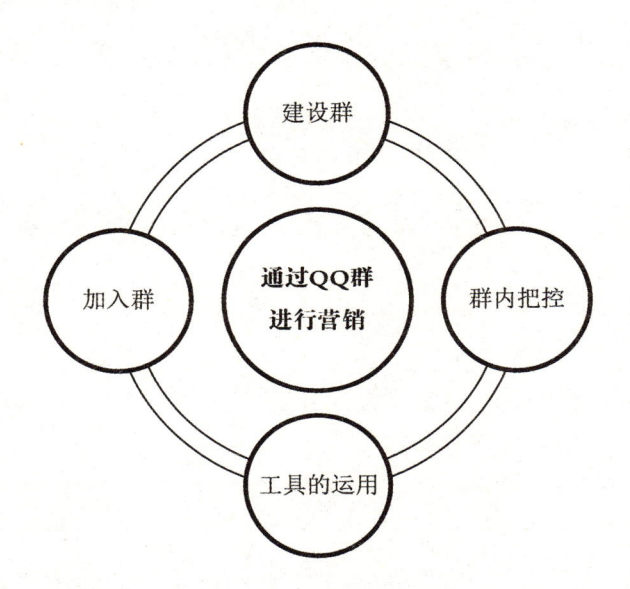

```
        建设群
   加入群  通过QQ群  群内把控
         进行营销
        工具的运用
```

需要注意的是：千万不要为了建群而盲目地乱建群，企业建立QQ群要有自己的目的才行，否则就是做无用功。

有意义的QQ群包括：以产品的使用、研究、学习、交流、讨论为目的的群；用来增进用户地区交流为目的的区域性交流群；以会议、展会等组织性活动为目的的群。

那些以娱乐、交友、兴趣等为基础的QQ群，适合做美食推广、服务的宣传。

企业要建立QQ群，首先要了解QQ群的相关规则，了解QQ等级以及相应可加的好友数量。

QQ等级以及相应可加的好友数量	
QQ等级	好友上限人数
0～15级	500
16～19级	550
20～23级	600
24～27级	650
28～31级	700
32～47级	800
48级以上	900

■ 建群技巧

要想用QQ群来进行营销，建设群是基础。其实，建设群也是有技巧的。那么，如何建设QQ群呢？

建设QQ群的技巧	
技巧	概述
定位营销对象	根据产品来定位营销对象，分析对方的购买能力，确定对方的活动时间
建高级群	企业建群，最好建一些高级群，例如：200人、500人的高级群。若开通QQ会员功能，一个会员可以额外多建4个500人的群
选择QQ群的类型	QQ"兴趣群"有多种分类，企业可以创建品牌产品群或行业交流群
起好名字	QQ群的名字应符合产品推广的定位，要有特点、容易记住
享受会员政策	尽情享受QQ会员的政策，可以创建超级群
制定群规则	制定QQ群的群规则，在一定程度上约束群成员
管理员要让群活跃起来	QQ群的管理员要活跃群，多与群成员进行沟通，要及时掌握群成员的动态，维持群的和谐氛围。QQ群有活跃度，才适合进行产品推广
及时清理不适合呆在群里的成员	如果有的成员在群里乱打广告、捣乱生事，那么就要及时清理。另外，还要清理一些不太活跃的成员

■ 提高群质量

无论建立一个新群,还是加入一个群,都应该注重群质量。只有高质量的群,才可以增加服务、产品和社群成员之间的黏性,长时间维持社群营销关系。

那么,进行QQ社群营销的企业或个人,应该从哪几个方面入手呢?

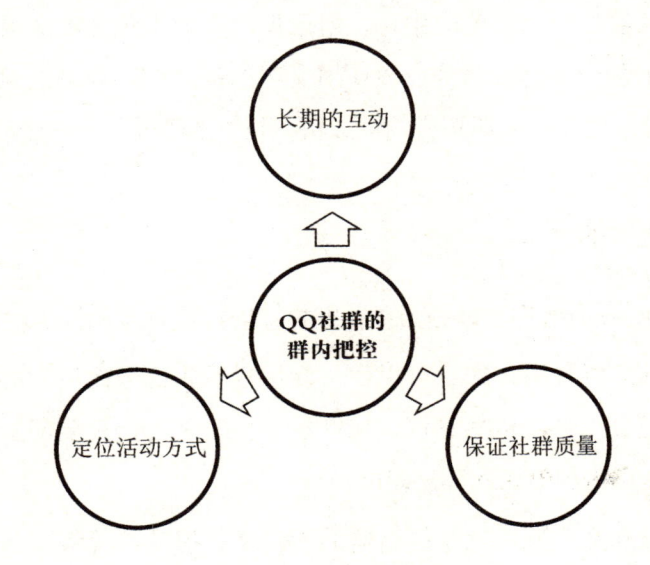

```
              ┌─────────┐
              │ 长期的互动 │
              └─────────┘
                   ↑
            ┌───────────┐
            │  QQ社群的  │
            │  群内把控  │
            └───────────┘
              ↙        ↘
      ┌─────────┐   ┌─────────┐
      │定位活动方式│   │保证社群质量│
      └─────────┘   └─────────┘
```

1. 长期的互动

无论是在企业自己建的群里,还是在其他群里,都能定期组织相关话题讨论,长期与社群成员进行互动。在大家都比较闲的时候,QQ群的组织者可以发起话题讨论。作为组织者,要懂得带动气氛,调节群成员的情绪。

2. 定位活动方式

若是产品群,就可以通过开展活动来推广产品。若是学习群,就能以培训的方式开展活动。若是服务群,就可以提供服务资讯。也就是说，要根据群的定位来开展活动。

3. 保证社群质量

对于社群成员交流的话题，企业应该进行把控。重要的话题要占70%，不太重要的话题（与企业无关的话题）占30%。有了这样的比例，就可以使社群成员放松一些，社群的氛围会更温馨。

由于社群是一个公共的平台，所以群内有形形色色的成员，要建立群规，要求每个社群成员都应该使用文明的语言，这样才能保证社群质量。对于那些使用不文明语言的群成员，社群的管理者应该予以处罚。

■ QQ群推广的方法

自建QQ群的推广可以分为两种方式，即推广群号和提高群活跃度。

通过推广群号的方式，可以使目标用户看到群号而加入群中。推广群号的渠道有多种，包括论坛、博客、微博等平台，只要配上一些有内涵的软文，在文章中加入群号即可。

另外一种推广方式就是提高群的活跃度，提升群等级。通过设置群标签、关键词等方式，可以提高群号在"群查找"中的排名，能让用户更易看到群号并主动加群。

下面详细介绍一下推广QQ群号的几种方法。

1. QQ群推广

企业可以在类似的QQ群中推广自建的QQ群。若用户已经加入了类似的QQ群，而这样的QQ群与自建群有属性联系，例如：投资群与股票群、证券群有联系。用类似QQ群来推广自建群，可以选择做群文件、群相册以及群论坛等群推广方式。在推广的过程中，应该尽量控制频率，以免引起群用户的反感。

2. 论坛推广

百度贴吧、天涯、猫扑等论坛有着巨大的流量，通过这些论坛进行推广，应该注意帖子的质量，把帖子写得有实质意义。可以通过帖子对QQ群做个简单的介绍，并且附上群号。需要注意的是，群的介绍应该和帖子内容有一定的关联。例如：化妆品群发帖的内容应该是皮肤保养、美容养颜等与化妆品相关的内容，群的介绍要承接帖子内容。论坛推广的另外一种方式是回帖推广，企业可以关注论坛精华优质帖，回帖时附带群号和群介绍即可。

论坛推广是一项长期的推广工作，因此不建议直接发大量的广告文，还要注意每个论坛的发帖、回帖规则，避免账号被封。

3. 微博推广

通过微博来推广自建QQ群和论坛推广有些相似，只是微博的内容比论坛要短，因此企业应提炼出精华内容发到微博中，并且要注重与一些相关联的大号互动，从而提升企业QQ账号被用户看到的几率。与论坛推广相同，微博推广也是一项长期的工作，一旦企业有了关注自己的用户群，推广工作就会顺利进行。

4. 博客推广

随着微博、微信以及论坛的兴起，如今使用博客的人越来越少，但是博客也是推广QQ号的一个平台。企业可以专门建立一个博客账号，然后把在论坛中发过的精华帖发到博客中，附上QQ群号即可。通过博客这个渠道进行推广，可以设置合适的关键词，使博客被百度收录，并获得关键词排名。

5. 微信推广

如今，使用微信的用户与日俱增，企业可以利用微信的内部渠道来进行推广。在个人微信号中，附近的人、摇一摇、漂流瓶均是可以利用的渠道。在获取一些用户之后，企业可以利用红包来吸引用户，还可以利用微信公众号进行推广。

6. QQ兴趣部落

QQ兴趣部落是QQ在QQ手机端推出的渠道。由于QQ手机端有着巨大的用户基数，因此QQ兴趣部落这个渠道的引流效果比较好。由于用户是在手机端进行浏览，因此内容可以短一些。

QQ群营销攻略

一般来说，人们加入一个QQ群会采用两种方式，即主动加入和被动加入。当人们看到一个宣传时，会主动搜索并加入某个群，这就是主动加入。而QQ用户突然接到某个QQ群的邀请，被邀请加入该群，这就是被动加入。

一般情况下，QQ用户被动加入某个群时，会看一看情况，若觉得不适合留在该群，有权利主动退群。

对于企业而言，若在某个圈子内比较有名气，那么就有机会被拉进一个名人多的QQ群中，这个群中有许多大佬级别的人物。

如果企业要用QQ群来进行社群营销，就要掌握相关的加群技巧。QQ群就是销售的平台，只要加对了群，企业就可以找到合适的销售对象。企业最好进入一些人气高的群，因为这样的群，群质量较高，有利于进行社群营销。

■ 加入QQ群的途径

若企业想运用QQ群进行社群营销，要做的第一件事就是加群。那么，主动加入一个QQ群有几种途径呢？这里主要介绍三种。

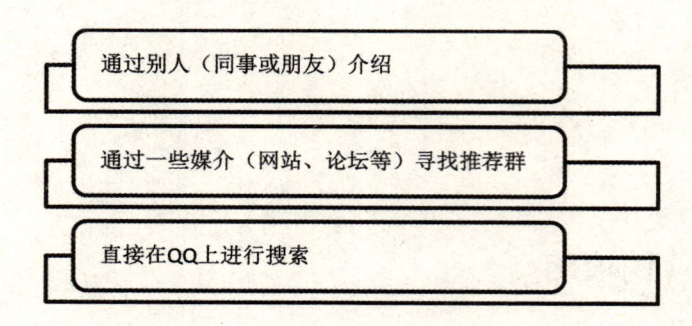

- 通过别人（同事或朋友）介绍
- 通过一些媒介（网站、论坛等）寻找推荐群
- 直接在QQ上进行搜索

如果是服装企业，可以在QQ界面上点击"查找"按钮，然后输入群号码或关键词，点击"查找"按钮，这时就会出现相关行业的一些QQ群。另外，企业还可以通过"同城"或"热门"等条件进行筛选。

在选择群的时候，企业应根据活跃度选择要加入的群。有许多群，群内发言的人很少，这样的群就不太活跃，就不适合加进去。而那些活跃度高的群，群成员的发言频率一定较高，群成员的人数也很多，这样活跃的群适合做产品推广。

因此，企业在选择加入群的时候，要注意，以下四种性质的群不能加：

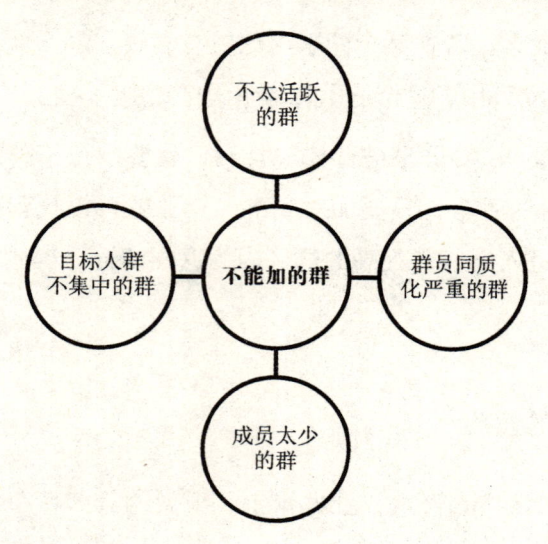

不能加的群：
- 不太活跃的群
- 目标人群不集中的群
- 群员同质化严重的群
- 成员太少的群

■ 推送产品信息

加入群后，了解群的特点、群主的特点以及群内成员，企业可以与群主和群内成员成为很好的朋友，然后再适当地发布一些产品推广信息。

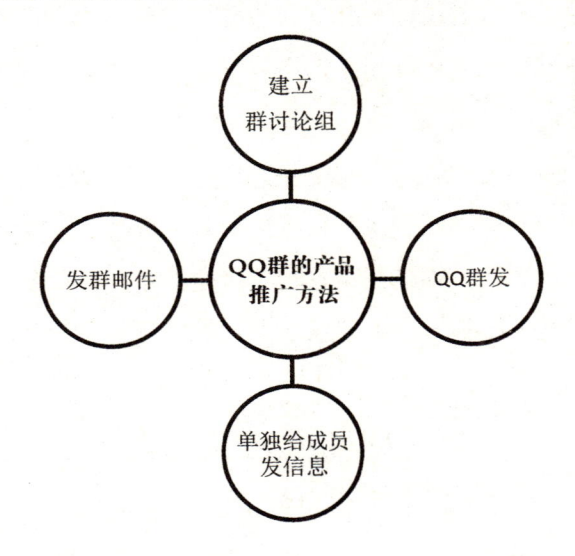

```
           建立
          群讨论组

   发群邮件   QQ群的产品   QQ群发
              推广方法

          单独给成员
           发信息
```

企业在QQ群内发送信息的时候，尽量不要带网址，因为一旦发送网址的次数超限，就会被屏蔽。

群发消息时，内容要多样化，不要太单一。可以在内容中添加一些广告语，以图文并茂的形式表现出来。在发送内容之前，要仔细核实一下，避免发送错误的信息。

如果要在QQ群中发送广告，应该本着少而精的原则，一天只发一次，广告要能够吸引眼球。就算是广告，也要编辑得很有吸引力，让人想多看一眼。

别滥发推广信息，要有明确的定位。如果为了推广企业的产品，一味地乱发信息，会让人反感，甚至被踢出群。

企业应该精准定位用户群体，分析目标顾客。可以分析一下目标顾客会在什么类型的群里进行交流,然后按照关键字提取。例如:若企业是卖化妆品的,那么就可以搜索美容、化妆品等词汇,通过这些关键词的搜索,可以找到许多和化妆品相关的群。

只要在群里发送消息,所有群成员都可以看到。为了不给别人造成困扰,企业可以挖掘潜在客户、供应商等群内成员,加他们为好友,然后私下进行交流。

同时,对群进行一段时间的观察之后,可以了解到有哪些人会在群里聊天,然后企业可以针对这些人推出产品或服务。需要注意的是:为了用户账户信息安全,腾讯公司有相关规定,用户每天加好友的次数是有限的。若超过了限制,会出现操作无效的情况,甚至还有可能被锁定账号。

加入群营销注意事项

注意事项	描述
要注意群昵称和签名	最好润色一下昵称和个性签名,去除那种明显的广告气息
填写个人资料时,尽量避免给人一种非主流的感觉,最好正式一些	有些群很注重群成员的质量,在审核加群申请的时候,群主往往会仔细看一看申请人的个人资料
群主批准入群后,企业要介绍名称、业务以及联系方式	企业还可以改一改群名片,在群名片中,可以介绍一下详细的业务信息
进入一个新群时,要注意发言内容,不要违反群规	刚刚加入一个新群时,千万不要急着发广告,要等混熟了之后,循序渐进,试着发一些容易被人接受的广告
初步了解群	刚刚进入一个新群时,可以看一看群之前的聊天记录、共享文件以及群活动
进群后获取客户信息	在一个新群里,可以把群的通讯录整理一下,重新建一份文件,存一下通讯录信息。另外,还可以获取群共享中的信息

运用工具，调动社群气氛

在QQ群这样的社群中，除了发送信息之外，还可以使用很多工具来调动社群中的气氛，加强成员与企业之间的感情。

那么，在QQ社群中，具体都有哪些工具呢？

QQ社群中的工具

工具名称	使用方法及作用
群公告	企业可以通过群公告来发布特价商品、促销活动以及线下活动等。可以直接把网站的名称或者网址放在群公告里。作为群主或者管理员，应该懂得通过群公告来拉近与群成员之间的关系
群相册	在QQ群相册中，可以放一些与群主题相吻合的图片，这些图片均可以打上关于企业产品的水印。要注意，放上去的图片不要为纯广告
群共享	通过QQ群的群共享，可以分享一些专业知识，还可以植入商品链接或者网站链接
QQ表情	在QQ群中，企业可以与社群成员进行交流，发布搞笑的、有意思的、好玩的QQ表情。若表情到位，就可以吸引关注

续表

工具名称	使用方法及作用
群邮件	企业可以通过群邮件，把邮件发送给所有社群成员。需要注意的是，应群发有价值的内容。若内容较多，可以用附件的形式来群发文档。另外，通过群邮件，企业可以单独给社群成员发消息
群活动	在QQ群中，企业可以创建群活动，每个社群成员都可以自愿参加，只要在群里报名就可以了。通过群活动，可以增进企业与社群成员之间的感情
讨论组	讨论组是QQ群中的一个细分部分。当社群成员太多的时候，企业无法与每个社群成员都成为好朋友，在这种情况之下，就可以找到几个人，组建一个讨论组，在小范围之内与几个人进行交流
QQ红包	QQ红包有着无穷的力量，通过发红包，可以将许多在群里潜水的人呼唤出来，有效活跃社群的气氛。无论红包里面的金额有多少，都能够起到一定的作用，带动气氛
群共享演示	通过群共享演示，能够使线上的群分享多元化，更加直观。企业可以使用群通话应用中的PPT演示功能，实现语音加PPT演示的群分享
匿名聊天	通过匿名聊天，可以说出很多有意思的话，其他群成员都不知道说话的人是谁。通过匿名聊天，可以激发社群的活跃度，引起人们的注意力

精准的QQ空间

在微信还没有出现之前,QQ空间是许多年轻人记录心情的理想之地。通过懂懂日记、小米QQ空间等成功的营销案例,可以看出,QQ空间有着较高的营销价值。

QQ空间有许多功能,通过QQ空间,商家可以打广告、推广品牌,通过种种方式吸引用户,实现精准营销。

对于企业而言,QQ空间是一个适合营销的社群。这个社群是基于QQ好友而形成的,具有以下三个优点。

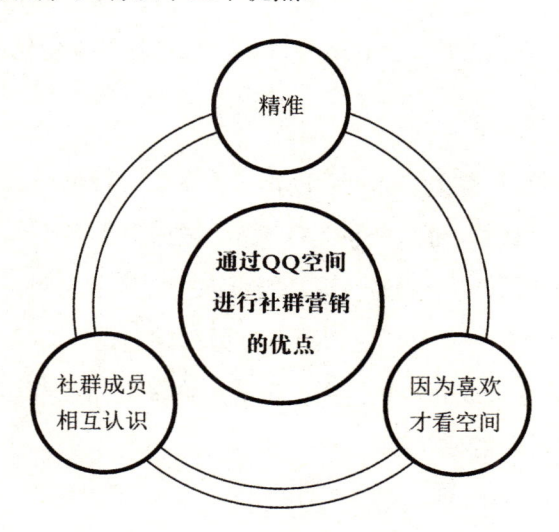

通过QQ空间进行社群营销的优点:
- 精准
- 社群成员相互认识
- 因为喜欢才看空间

根据腾讯QQ空间发布的数据显示，在2014年"五一"假期，QQ空间的照片单日上传量竟然突破了5.1亿，这实在令人震惊。

对于旅游景区而言，如果可以了解景区内会有哪些游客，就可以针对这些游客进行精准营销。

QQ空间基于亿万用户行为和旅游相册大数据，推出了一份《中国玩货报告》，通过一张图就可以读懂"五一"旅游那些事，其实这就是一种"社群+大数据=精准"的营销方式。

QQ空间旅游相册的大数据显示：

（1）2014年"五一"期间出游的女性占总体旅游人数的54.8%，高于出游男性的比例。

（2）在年龄上，80后占据了总体旅游人数的48.8%。

（3）大学生群体占据了总体旅游人数的23.6%。

QQ空间有着多种功能，包括说说、日志、相册、访客、评论、分享、转载等基本功能。企业可以深入挖掘这些功能的营销价值，实现QQ空间社群营销。

那么，企业应该如何运用QQ空间的功能进行社群营销呢？

1. 学会分享文章

QQ空间中的所有文章都可以进行"分享"，社群成员利用移动端分享QQ空间的文章时，可以分享到QQ群、微信群等多个地方。若社群成员在PC端"分享"QQ空间的文章，既可以把文章分享到自己的空间，还可以分享给指定好友，或者分享到腾讯微博中。这样，文章会在许多人的QQ空间中自动形成病毒式传播，企业的许多潜在客户都有机会看到文章，进而通过超级链接看到广告。

2. 转载价值高的文章

有些QQ空间用户喜欢写文章，文字功底好的人写出的文章具有较高的价值，对于这种有价值的文章，很多QQ好友看到后会转载到自己的空间。然后，好友的好友看到了文章，又会转载。就这样，一篇文章会出现在很多人的QQ空间里。

"转载"具有高效传播的功能，一个人在好友的空间看到一篇非常有吸引力的文章，可以转载到自己的空间。需要注意的是，把文章转载过来之后，要对这篇文章进行编辑，企业或个人营销者可以在文章末尾留下广告链接。

3. 写日志

若要通过QQ空间进行社群营销，写好原创文章是基本功。QQ空间的日志是私人化的，很多年轻人会写心情日志，心情日志往往都能深入人心，作者会把自己的想法写出来，这样的日志容易获得别人（包括企业潜在客户）的信任。

对于企业来说，不能总在QQ空间发布心情日志。有时候，企业可以适当写一些商业文章。若商家有阿里巴巴等企业的博客，可以将它们博客当中的文章转发到空间里。

商家写文章时，可以把一些广告信息融入进去，可以在文章中适当插入一些产品的图片，还可以在文章的结尾留下企业的联系方式。另外，在文章的结尾，可以给带有广告性质的文章做超级链接，这样，其他QQ用户看到超级链接，点击一下就可以看到相关文章。

有价值的日志，可以吸引许多QQ用户阅读、分享或转载，这样的日志就能在许多人的QQ空间传播。通过发布日志，企业可以详细介绍产品特征以及产品使用说明。

通过QQ空间日志进行社群营销，最关键的一点是向社群成员传递有价值的信息。要想办法让社群成员养成每天都阅读企业日志的习惯，若能合理地植入营销信息，社群成员每天都有机会看到。

其实，通过QQ空间的日志进行营销，就相当于是软文营销。企业用日志进行营销的时候，应遵循软文书写的规则，要用有吸引力的文章打动消费者。

4. QQ相册

通过QQ空间进行社群营销，可以将产品信息以图片的形式上传到QQ空间相册中。除了在相册中显示照片之外，还能在个人资料卡中显示最近更新的三张照片。

若是想要推广时尚前卫的衣服，可以上传模特的美照，这样会有很多人看到照片，从而起到良好的宣传效果。在上传照片到空间相册时，可以给照片起一些好听的名字。

上传照片到空间相册时，在不影响照片美观的前提之下，可以加上带有网址的水印。还需注意的是，要选择较为美观的照片作为相册的封面。若想要让更多的人看到QQ相册中的照片，就不要设置密码。照片应该给人一种艺术感，避免有过于强烈的广告气息。

企业把产品照片放在QQ空间相册进行营销的时候，应在这些产品的图片上添加标签，做好相册分类，这样可以使用户的浏览更加方便。

5. QQ说说

QQ空间里有"说说"的功能，说说是企业与用户之间相互沟通的桥梁。通过"说说"，企业可以获得用户的信任，获得高质量的社群用户。

下面举例说明如何通过"说说"进行社群营销。

若一个企业想要推广化妆品,就可以通过"说说"发表一些化妆的小技巧,可以是纯文字的形式,也可以是图文并茂的形式。除了通过"说说"为社群成员讲解正确的化妆方法之外,还可以发布一些美容的小知识。

发布"说说"应该注意以下几点:

(1) 每天发布的数量应为2~5条。若为大篇幅的文章,每天发布一两篇即可。

(2) 提供有价值的信息,包括新闻或资讯。

(3) 编辑"说说"时,应注重内容的质量。

(4) 可以通过发送赠品的方式鼓励社群成员转发"说说"。

(5) 上下班高峰期,人们在公交、地铁上一般都会看手机,因此上下班高峰期是发布"说说"的好时机。

总而言之,质量高的"说说"更能吸引读者,促使读者进行转发,从而使推广信息在QQ空间传播。

6. QQ空间的访客和评论

企业可以访问别人的QQ空间,获取信息。进入别人的空间之后,一般都会留下访客记录。对方看到访客记录时,也许会点击访客头像,从而进入企业的QQ空间,阅读企业的"说说"、日志,浏览企业的相册。

其他用户可以对企业QQ空间的"说说"进行评论,企业也可以评论用户QQ空间的"说说"。通过评论"说说",可以有效增进企业与用户之间的感情,双方可以及时地沟通。

7. 生日提醒

QQ空间具有生日提醒的功能,通过生日提醒,可以知道哪个好友要过生日了。对于企业而言，当得知某个社群成员要过生日时，可以赠送礼品，献上生日祝福，从而拉近与社群成员之间的距离。

8. 地理位置

通过QQ空间的签到功能，企业可以快速了解社群成员的地理位置。

QQ空间的地理位置功能为企业提供了巨大的商机，地理位置服务可以用于大型的营销活动之中。

经典案例：小米两次引爆QQ空间

随着互联网的快速发展，很多企业开始进驻碎片化的社会化媒介渠道，开始经营自媒体。

对于企业来说，QQ空间就是一个可以宣传推广的社群。小米曾两次引爆QQ空间，创造了奇迹。

2013年，小米第一次选择首发QQ空间时，就很出人意料。首发红米时，小米的QQ认证空间粉丝从100万骤增至1000万。

2014年，小米与QQ空间的第二次合作再次引爆QQ空间。在2014年3月26日中午12点，有超过500万用户涌入QQ空间的红米首发页面，最高峰值一度高达80万人/秒。在此之前，已有1500万用户参与了签到预约。小米由此创造了国内手机品牌社交网络预售的全新纪录。这次活动后，小米的QQ认证空间已接近2700万粉丝。

在半年之内，小米两次引爆QQ空间，这实在令人震惊。那么，小米是怎样做到的呢？可以从两方面来分析。

■ 从媒介渠道化到媒介产品化

很多人把媒介作为简单的发布渠道，但却忽略了一个问题，即媒介也须产品化。如今，那些冰冷的广告已经不再有效，营销者需要把"媒介传播"本身视为一个需耐心打磨的产品。在当下的营销市场，激发社群参与感是获得口碑引爆的关键。

小米与QQ空间的合作并非是做预售公告那么简单，而是加入了激发群社交的引爆因子。红米Note的首发设定了三个环节，即预热（猜价格）、预约（签到、集赞）、抢购，这三个环节环环相扣。

以集"赞"为例，用户在QQ空间发布一条关于小米手机的"说说"，只要有32个好友点赞，就可以抽取三次预约机会。这种集赞就是在熟人圈子进行营销。

使媒介产品化没有什么特别的捷径，主要在于企业运营者是否用心去做。企业运营者要有产品思维，以吸引用户主动参与为方向。

其实，在小米创立初期，创始人雷军就在微博上发起过"我是手机控"的活动。参与该活动的用户可以收到一份属于自己的"手机编年史"，里面有"用过几部手机"以及"话费多少"等信息，这就激起了许多人内心的怀旧情结，从而引发海量用户主动分享。

■ 企业的社会化营销与社群经营要找准方向

企业的社会化营销与社群经营要找准方向，精准匹配目标用户群，有效地获取流量迁移红利。

2013年，小米就在QQ空间创造了销售神话，在90秒内卖出了10万部手机，这个数据令人震惊。其实，这是经过提前预测与精准匹配的社群引爆事件。为什么这样说呢？可以从以下几个方面来分析：

（1）根据QQ相册的来源分析手机的品牌活跃度，连续三年都是苹果与三星领衔。截止到2012年，发自小米手机的图片量级快速攀升到第三位，活跃度超过其他国内手机品牌。

（2）广点通发现QQ用户大规模讨论替换功能机的话题，上亿用户正处在换机前夜，潜在需求旺盛。

（3）广点通发现用户在讨论小米手机时，品牌认知多为iPhone，一旦强化该认知，对中等收入用户以及三、四线城市用户会有较强引爆力。

（4）广点通在微博和QQ空间上作了一次测试，通过小规模的投放测试，发现新浪微博的用户已经完成智能机换机，而QQ空间用户正处在换机边缘。

（5）小米敢于以"价格锚点"激活用户购买欲望，当时双方商定QQ空间售卖的小米手机价位要是千元机，在临近活动的最后一天，小米给出了799元的尖叫价格。

QQ空间与广点通对2次合作中的目标用户群做了精准匹配。除了把首发信息送达米粉之外，双方还把目光聚集到对小米感兴趣的潜在用户，把信息推送到相关用户那里，包括关注IT科技类认证空间的发烧友以及曾经在QQ空间提及小米品牌的人群等。

小米为什么会选择与QQ空间合作两次呢？除了社群的高匹配度与高用户活跃度之外，还有一个原因，那就是小米对流量迁移红利有着敏锐的嗅觉。

如今，用户习惯的迁移正带来大量社交红利。以QQ空间的分享量级为例，它的月活跃用户已经达到6.2亿。在2014年元旦当天的24小时内，QQ空间内容发表量就超过10亿次，平均每秒1.15万次。除此之外，最关键的是企业将越发依赖社交传播中的口碑效应，一旦企业无法在社交口碑中存在，也就无法有效触达用户。因此，企业要追逐社交红利，通过分享、签到、点赞等互动方式来引爆社群商业的新玩法。

除了精准匹配能力，场景化能力也很重要。例如：小米与QQ空间的新合作在移动社交上有两大创新，一个创新是签到红包，另外一个是信息流广告。

"签到红包"就是鼓励用户在QQ空间的APP上点击"签到"按钮，选择"签到有码咯"，只要发表一个签到，就可以收到来自QQ空间的私密消息，从而获得红米Note的预约码，这是基于移动端用户行为的场景化尝试。

信息流广告（Feeds广告）主要基于用户行为和偏好的分析，向用户推荐一些可能感兴趣的广告，融入用户移动社交的场景中，使广告成为有用的信息，而不是骚扰信息。

总体来说，在"移动+社交"的新红利时代，企业的社会化营销与社群经营要瞄准一个方向，这样才能服务好目标族群。

第 7 章　论坛与社群营销

　　论坛营销因其独有的特点立足于现代营销市场，为传统营销模式注入了新鲜血液，为企业营销者开辟了一种新的营销思路。同时，论坛营销提供了一种可以在创业初始阶段占领市场、推广品牌、营销产品、获得利润的模式。

什么是论坛营销

论坛营销是社群营销的一种。那么,什么是论坛营销呢?

论坛营销就是企业利用论坛来推广、销售产品,通过文字、图片以及视频等方式发布企业的产品信息和服务信息。通过在论坛发布信息,企业可以使客户更加深刻地了解产品和服务,从而产生消费行为。

通过论坛营销,企业可以在节省成本的情况下宣传企业的品牌,可以开展各种网络营销活动。

论坛营销与传统营销模式不同,论坛营销有着独特的互动方式。在传统营销中,营销方法比较单一。而论坛营销可以根据公司产品的特点、特定的目标客户群以及企业文化来加强互动,能够有效地节约开支。另外,论坛营销的形式新颖多样,避免了传统营销模式的单一化。

■ 论坛营销的特点

论坛是一个交流的平台,很多人都可以在这个平台相互交流,这样就形成了一个社群。

论坛可以成为一个网络营销平台,因为它有着很多特点。下面简单介绍一下论坛营销的特点。

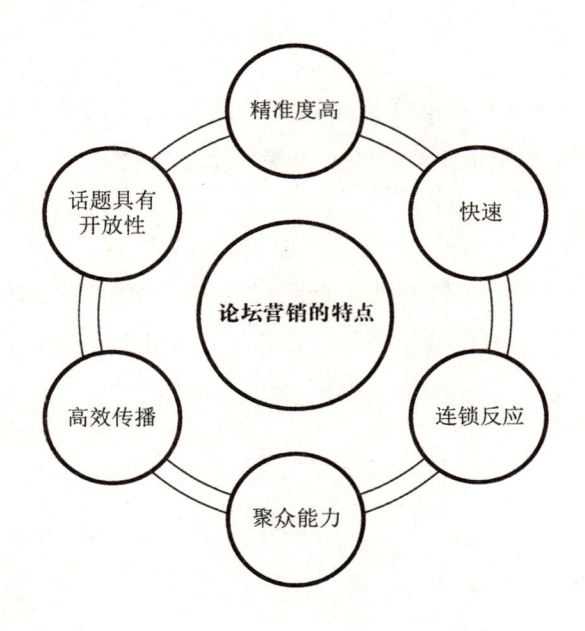

论坛营销的特点:精准度高、快速、连锁反应、聚众能力、高效传播、话题具有开放性

1. 话题具有开放性

由于论坛话题具有开放性,所以企业的所有营销诉求几乎都可以通过论坛传播有效实现。

2. 高效传播

论坛帖子在论坛空间可以得到有效传播,无论普通帖、论战帖还是视频帖等,都可以在目标群体中高效传播。

3. 聚众能力

论坛具有强大的聚众能力,企业可以把论坛作为一个平台,在这个平台举办各种活动,调动网友与企业之间的互动。

4. 连锁反应

通过在论坛制造一些事件来炒作，可以把产品品牌以及活动植入内容中。引发新闻事件，会导致传播的连锁反应。

5. 快速

通过搜索引擎内容编辑技术，可以使内容在论坛上发挥一定的作用。在主流搜索引擎上，可以快速寻找到发布的帖子。

6. 精准度高

论坛营销有较强的针对性，企业应根据产品特点在相应的论坛中发帖。为了引起较大的反响，企业可在各大论坛中广泛发帖。通过论坛这个平台，企业可以与网友进行互动，挖掘潜在客户。

论坛营销的阵地：知名论坛

知名论坛由于参与群体不同，都有着各自的特点，这些特点也是确保它们长盛不衰的根本原因。

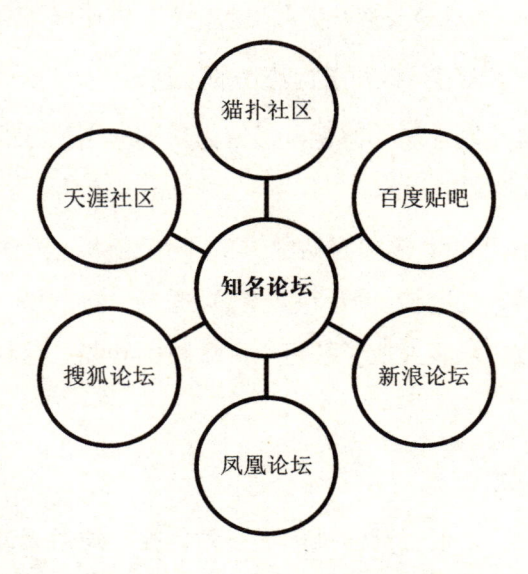

```
        猫扑社区
   天涯社区    百度贴吧
        知名论坛
   搜狐论坛    新浪论坛
        凤凰论坛
```

下面以天涯社区、新浪论坛、猫扑社区和百度贴吧为例，让我们看看它们都具有怎样的特点。

■ 天涯社区

天涯社区是一个在全球极具影响力的网络社区。自天涯社区创立以来，以包容、充满人文关怀的特色受到全球华人网民的推崇。

天涯引领着一种人文生活方式，社区的用户具有较高的生活品位。

天涯网友作为社会言论群体，影响着社会舆论取向，例如：《新周刊》和《南方周末》等传统媒体经常会引用天涯网友的一些舆论和观点。

经过十多年的发展，天涯社区已经成为以论坛、博客以及微博为基础的交流方式，综合提供个人空间、相册、音乐盒子、分类信息、站内消息、虚拟商店、来吧、问答、企业品牌家园等一系列功能服务。

1. 分清天涯社区与天涯论坛

许多人都知道天涯论坛，可能会以为天涯论坛就是天涯社区，其实不是的。作为企业，应区分天涯社区和天涯论坛，以便展开精准的营销。

下面介绍一下天涯社区与天涯论坛的区别：

天涯社区包括以论坛、博客、微博为基础的交流方式，是以人文情感为核心的综合性虚拟社区。

而天涯论坛是以发帖和回帖的方式进行互动，天涯论坛有许多版块，包括热帖榜、别院榜、城市榜、天涯秀场、打赏榜、红黑榜、天涯客旅游等七大版块。企业应了解每一个版块的功能，这样才能展开精准营销等。

2. 天涯社区简史

为什么企业可以通过天涯社区进行营销呢？通过天涯社区的一些历史事件，我们就能知道这个虚拟的网络平台有多么强大的影响力。

下面先简单介绍一下天涯社区的历史。

天涯社区发展历程

时间	事件
1999年3月	天涯虚拟社区诞生，开办了股票论坛、天涯杂谈、电脑技术、情感天地、新闻众评、体育聚焦、旅游休闲、海南发展、天涯互助等栏目
1999年5月9日	中国驻前南斯拉夫大使馆被炸，天涯网友反应激烈
1999年10月5日22时16分18秒	天涯虚拟社区飞华统计专家访问统计总数达到100000
2000年1月	宜家家居在关天茶舍发表《本世纪最后的论战：中国自由左派对自由右派》与《世纪末思想论战：新左派和自由主义在争什么？》，光盘贩子发表《"网络文学"：歇了吧您的！》，引起讨论
2000年4月28日	舞文弄墨版主云裳儿发起《四十年后在天涯》的征文活动
2000年5月5日	旅游休闲首席版主棋子公布旅游休闲管理准则
2000年6月26日	天涯社区推出ID注册管理规则
2000年8月	天涯社区正式与国内著名人文思想类杂志《天涯》进行品牌合作。以《天涯》杂志相关资源整合的人文思想类论坛"天涯纵横"正式出现在天涯社区，其版主为著名学者李陀
2000年11月28日	西门大官人在"舞文弄墨"以长篇连载《你说你哪儿都敏感》成为天涯新星
2001年1月1日	天涯改动，有个人中心、聊天室、功能菜单
2001年4月21日	小李飞刀之师爷和紫藤花两位杂谈版主双双请辞
2001年5月	原"天涯纵横"文青兼愤青雷立刚担任"舞文弄墨"客座版主，发表了《小倩》《爱情和一些妖精》《秦盈》等小说
2002年4月	网友慕容雪村在天涯连载网络小说《成都，今夜请将我遗忘》，阅读量超过20万次，创造了网络文学史上的一个奇迹
2003年6月12日	文化广场开版，首任版主：OK先生、慧远、孤云
2004年2月13日	职场天地在海南e家开版，3月21日升为主版，并迅速成为社区排名前15名的版块
2006年4月11日	天涯社区新增体育频道，原有体育聚焦、篮球公园、球迷一家三个版块将集合在体育频道之中
2007年7月	天涯社会、经济、娱乐、人文、时尚、体育、人物七大频道陆续上线，新版《天涯周报》登场
2009年4月25日	北京300多名网友齐聚一堂，自发组织了一场题为"北京——天涯共此十"聚会，为天涯社区十周年庆生
2010年11月10日	天涯社区正式推出天涯微博新产品。天涯微博产品"鸭脖"于10日凌晨正式推出内测版
2016年4月26日	天涯社区发布2015年报：业务转型成效显著 营收同比增长66%

3. 天涯社区之营销

天涯社区将独特的人文气息演变成强大的社区凝聚力,活跃的社区互动为商家营销制造了契机。

(1) 天涯的典型用户即为企业的目标客户群

根据相关调查,可以得知,天涯的典型用户为22至35岁之间的人群,月收入在2000~7000元。

这些用户包括职场人士、学生等,多为有理想、有社会责任感、有见地的人。天涯用户一般都有很强的工作能力和价值观,因此他们对那些具有附加值的产品和品牌认可度很高。

可以说,天涯的典型用户就是企业的目标客户群,企业可以挖掘出这些用户,针对他们开展营销、推广产品,从而获得利润。

企业想要通过天涯社区来开展营销,首先就要挖掘目标客户群,有了目标客户群以后,再开展营销就能得心应手。

(2) 丰富多彩的平台结构

由于天涯社区有着丰富多彩的平台结构,因此为企业营销奠定了基础。天涯社区的平台结构,从个体到小众,从小众到大众,跨越多个领域,将BLOG、RSS以及论坛等多种形式融为一体,层层推进,是华人圈子中最丰富多彩的社区之一。天涯社区与门户网站不同,便于进行深度营销。

下图为天涯社区平台结构示意图。

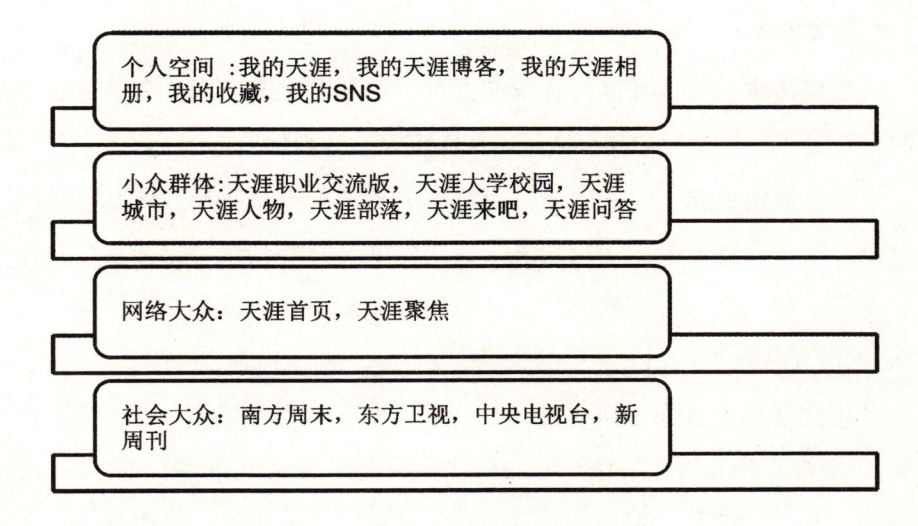

- 个人空间：我的天涯，我的天涯博客，我的天涯相册，我的收藏，我的SNS
- 小众群体：天涯职业交流版，天涯大学校园，天涯城市，天涯人物，天涯部落，天涯来吧，天涯问答
- 网络大众：天涯首页，天涯聚焦
- 社会大众：南方周末，东方卫视，中央电视台，新周刊

（3）互动营销产品：会员制广告服务

企业要想在天涯社区开展营销，首先需要了解天涯社区的ADTOPIC会员服务。加入这个平台后，作为会员，企业可以发布信息，和网友深度互动。另外，企业还享有推荐话题到天涯相关版块的权力。

（4）互动营销产品：虚拟物营销及其他广告产品

①虚拟物营销。企业可以将企业品牌特色融入虚拟物，渗透到网友的虚拟人际关系圈，借助天涯社区强大的传播优势进行互动传播。

②其他广告产品。天涯社区为企业会员提供了多种广告形式，具体包括：社区商店商品图标，品牌虚拟物短消息直邮广告，帖子内页壁纸广告，帖子内页回复框包装广告，开设新版论坛，开设版块子类别，友情链接，版块多媒体软文置顶帖，现有版块特约冠名。

（5）天涯经典案例

案例：招商银行之和谐之旅

活动主题：红动中国

活动时间：2008年5月4日

投放需求：天涯社区配合招商银行"和"卡上市推广，有效地提升网友对于"和"卡的知晓与认知，从而扩大品牌影响力。

相关解决方案：在2008年5月4日当天，运用相关技术，网友在天涯杂谈、聚焦奥运以及经济论坛三个版块发帖，只要含有"和"字样，帖子中的"和"字就会相应变红，只要用户点击就能链接到招行"和"信用卡官方网站。

此次活动的效果：在2008年5月4日当天，共有近40000名网友发表了含有"和"字样的帖子。该广告表现形式具有很强的视觉冲击力，"和"字变红，恰如其分地表达了红动中国的主题，为网友留下了深刻的品牌印象。

■ 新浪论坛

新浪论坛社区是全球最大的华人中文社区。新浪论坛社区是互联网最具知名度的综合性BBS，该论坛拥有庞大的核心用户群体，主题版块涵盖文化、生活、社会、时事、体育、娱乐等各个领域。

新浪论坛拥有大量用户，通过该论坛，企业可以挖掘潜在用户，向这些用户推广产品。

可以说，新浪论坛是社群营销的重要平台之一，是企业获得长远利益的阶梯。新浪论坛为社群营销提供了养料，提供了大量可以挖掘的目标客户。

1. 新浪论坛营销的本质

随着移动互联网的发展，场景化营销的趋势越来越明显，"场景为王"的时代已经到来，场景化营销成为了商家普遍追求的营销模式。企业可以通过用户大数据描绘消费者的用户画像，对消费者消费前以及消费后续的行为进行有效预估，并提供针对性的引导服务，真正实现场景化的精准个性化营销。

新浪论坛营销的本质，从某种意义上来说，就是通过新浪论坛在适合的场景以合适的方式建立商家与受众之间的联系。

在用户某个生活场景中，适时提供其可能需要的信息以及相关联的产品或服务，新浪论坛便能爆发出巨大的能量。因此，论坛中的场景成为企业寻求营销创新的新入口。

2. 新浪论坛就是人们生活的虚拟圈子

简单来说，新浪论坛就是人们生活的虚拟圈子，圈子中的成员具有相同或相似的标签、属性，所以他们也有习惯使用的品牌和产品。

互联网的发展使信息交流越来越便捷，志同道合的人很容易聚在一起，形成社群。新浪论坛就是建立在此基础上的稳定且具有高凝聚力的社群，可以让社群成员产生依赖感和归属感，从而形成极强的产品黏性。

3. 数据与媒体的整合

新浪论坛通过数据与媒体的整合，横跨PC端与移动端，对地理位置的场景切片进行细分，可以有效帮助企业客户实现顾客导向。而企业在新浪论坛的社群营销活动通过整合，精准目标定位，针对性大大增强，同时还极大地降低了广告的成本，变被动营销为主动营销。

4. 将营销信息与用户需求相结合

企业可以从用户的兴趣、爱好、场景等方面出发，将营销信息与用户的实际需求相结合，从而使营销方式与用户产生交互，真正做到"因地制宜"的场景营销和"因人而异"的社群营销。

新浪论坛发布的信息与用户需求结合起来,可以帮助广大的品牌广告主、代理商提供精准高效的场景营销解决方案。

■ 猫扑社区

猫扑网的雏形是猫扑大杂烩。猫扑网也是国内最具影响力的论坛之一,还是中国网络词汇和流行文化的发源地之一。

猫扑网于1997年10月建立,于2004年被千橡互动集团并购。在2012年的时候,千橡互动集团旗下猫扑资产已划归至新子公司美丽传说。

2012年6月7日,千橡集团宣布旗下美丽传说正式进驻广西南宁。经过多年的发展,如今猫扑网已发展成为集猫扑大杂烩、猫扑贴贴论坛、猫扑小说、猫扑乐加、猫扑游戏、猫扑地方站等产品为一体的综合性富媒体娱乐互动平台。

猫扑网主要活跃人群在18～35岁之间,主要分布在消费能力比较高的经济发达地区,这些人富有激情、思维活跃、积极乐观、个性张扬且追求自我,是新一代娱乐互动门户的核心人群。

猫扑大杂烩最早只是一个游戏网站,以讨论电视游戏为主。当时,接触电视游戏和网络的人大多非常专业,因此有非常多的原创文章。由于对游戏机的狂热,分成了"SONY派"和"SEGA派"。但是,ID"飞翔的荷兰人"在一次辩论失败后,注册了大量的ID来灌水。该事件带动了猫扑的人气和知名度,使猫扑逐渐发展成为一个更多非专业人士参与的论坛。

猫扑栏目

猫扑社区特色版块	内容描述
猫扑大杂烩	下设大杂烩、大小姐、汽车烩、贴图区、原创区、小白区、人肉搜索等
猫扑贴贴论坛	猫扑网的另一个论坛平台,分版阅读模式的图文和图片社区,下设150余个版,特色版如真我秀、鬼话连篇、五花八门、搞笑图片等
猫扑频道	包括猫仔队、猫扑小说、猫扑数码、猫扑游戏(包括猫游记、天书奇谈等游戏)
猫扑Hi	提供日志、分享、相册等互联网功能体验的SNS平台,满足用户对社交、资讯、娱乐等多方面的需求

1. 猫扑大杂烩

猫扑大杂烩于1997年10月建立。如今猫扑大杂烩已经有注册ID1000多万,发展为集大杂烩、汽车烩、贴图区、原创区、小白区、人肉搜索、联盟等产品为一体的富媒体娱乐互动平台,这里已成为公众舆论的策源地和扩散平台。

猫扑大杂烩著名事件:风靡世界的网络红人"小胖"、PS高手胡子男、"网友防灾自助手册"的流传;"猫扑希望小学"感人至深的互动;救助西安孤苦老人行动……

2. 猫扑贴贴论坛

猫扑贴贴论坛于2004年年底正式上线,是猫扑网最核心的产品之一。猫扑贴贴论坛采用典型的分版阅读模式,页面简洁清晰,用户可以根据自己的喜好选择相应的版面。如今,猫扑贴贴已经发展成为以图片、文字、视频为主的国内人气较高的社区之一,其中真人美女秀、鬼话文学、搞笑图片是其最显著的特色。

猫扑贴贴论坛美女众多，一些国内知名的模特也云集于此，如白领美女魔女花茶、"浴霸女"天使也魔鬼、蚊子静等，早期的网络红人妖妃娘娘等也出自该论坛。

3. 猫扑游戏

游戏是猫扑网重要的起源文化，猫扑网站积累着大量游戏玩家用户，猫扑游戏作为猫扑网的重要业务线，在中国网页游戏历史上战绩辉煌。

2004年，猫扑游戏发布《猫游记》，拉开了中国网页游戏的开端，这款老牌游戏生命力持久，至今仍有大量玩家用户。在开山之作《猫游记》后，猫扑又接连推出《龙之刃》《山海英雄》《雄霸三国》《天书奇谈》《航海传奇》《帝国争霸》《上古之光》《商战传奇》等数十款经典游戏，创造出了惊人的业绩。

2013年年初，猫扑重组游戏部门，以猫扑游戏频道为核心，建立了游戏资讯、游戏论坛、游戏研发、游戏运营、游戏发行等多条游戏业务线，开发的产品包括卡牌类手机网游、休闲动作等多种游戏。

猫扑游戏引擎采用自主研发跨平台的技术，能同时发布在多个移动终端平台，猫扑致力于为玩家用户提供健康、和谐的游戏环境，实现"快乐生活，快乐游戏"。

4. 猫扑小说

猫扑是中国互联网原创文学的重要发源地之一，猫扑小说是一个具有猫扑特色的小说阅读频道，拥有属于自己的原创作者、作品以及书库，同时录入许多猫扑大杂烩原创、猫扑鬼话的经典作品。例如：早期的猫扑热门小说《赵赶驴电梯奇遇记》，作者赵赶驴边写边贴，文章轻松风趣，很快就成为当时最热的小说帖子。

猫扑小说以"让用户享受到阅读乐趣"为宗旨，旨在为用户提供一些丰富的小说资源，让用户获得良好的阅读体验，将猫扑文学传承并且发扬光大。

5. 猫扑Hi

猫扑Hi作为Web2.0网站的领先产品，为用户提供了日志、分享、相册等丰富的互联网功能体验，满足了用户对社交、资讯、娱乐等多方面的需求。

自猫扑Hi团队创建以来，一直在产品和功能的设计上大胆尝试，以创新的手段满足互联网用户的根本需求和潜在需求，不断追求更加完善的用户体验，努力使猫扑Hi成为一个便捷实用的社区平台。

猫扑Hi团队采用先进的互联网技术，包括先进的共享交互网络、数据传输方案、分布式存储解决方案等，以满足大规模用户的一些复杂应用与海量数据交互。猫扑Hi团队未来仍将致力于自主技术研发，引领新一代互联网科技的发展。

6. 猫扑联盟

猫扑联盟成员活跃于猫扑网的多个版块，发布网络最新资讯并举办各种有意思的活动。

在猫扑联盟中，最有特色的联盟是天盟。天盟成立于2012年9月26日，天盟成员不断爆料各种八卦、新闻、时事热点，成为了猫扑网的一大特色。

7. 猫仔队

猫仔队是猫扑网络娱乐中心。猫扑娱乐中心致力于打造中国较有影响力、具有年轻人特色的娱乐互动平台。猫扑娱乐中心融合国际时尚娱乐风格，为网友提供包括影视、音乐、明星全方位的专业娱乐内容。

猫扑娱乐下设明星系、影视系等多个系列频道及特色栏目，致力于网罗所有18～35岁的新新人类，以全新的网页风格、超前另类的新闻看点、权威的新闻追踪报道以及充满震撼力的完美视听效果，打造出一个全面娱乐互动平台。

猫扑娱乐可以使用户享受到许多便捷随意、符合时代潮流的在线影音互动娱乐服务，为用户提供很酷、很新、全面、个性化的一站式多平台在线影音娱乐服务，为用户提供最贴近其需求的全新影音娱乐的新体验。

8. 猫扑地方站

如今，猫扑有许多地方站，包括猫扑南宁、猫扑唐山、猫扑青岛、猫扑苏州、猫扑运城、猫扑宿迁、猫扑厦门、猫扑西安、猫扑南京、猫扑郑州、猫扑呼和浩特等。

■ 百度贴吧

百度贴吧建立于2003年，依靠着百度庞大的流量和入口优势，百度贴吧迅速积累了庞大的用户群。

作为一个以用户原创内容为核心的社交平台，百度贴吧积累了庞大的用户群，这就为其成为连接者创造了条件。2013年年底，百度贴吧开始平台化，邀请品牌入驻。基于用户关注的话题，百度贴吧细分各种主题"吧"，开展社群营销。

作为搜索引擎的百度，有着天然流量和入口优势。百度直接利用用户的搜索关键字，生成贴近用户需求的论坛。因此，利用搜索引擎内容作为补充的贴吧就产生了。作为一个去中心化平台，百度贴吧成为网络社群主要的孕育之地。

十几年过去了，百度贴吧一直是一个成功的"产品"。可以说，百度贴吧在一个恰当的时间,作为一个恰当的平台出现了。

早期互联网上的用户很分散,缺乏一个平台将他们聚集在一起进行交流。而百度贴吧与搜索引擎结合,把搜索作为贴吧的最大入口,吸引用户使用。

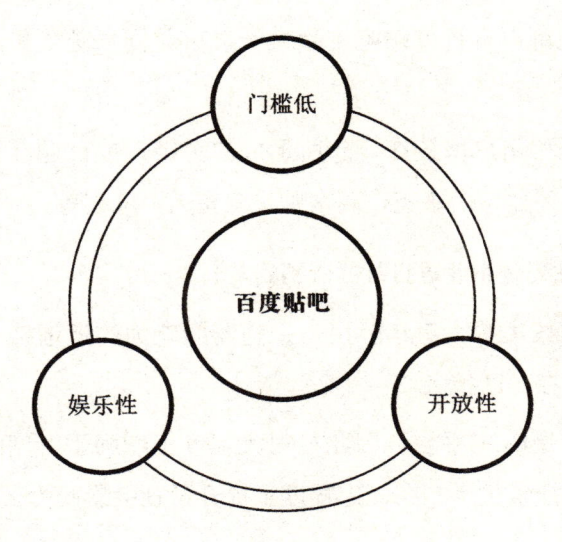

```
        门槛低
    百度贴吧
娱乐性      开放性
```

从产品的定位来说,百度贴吧就是以"主题互动社区"来定位的。

百度贴吧以"企业官方吧"作为切入点,在2014年7月发布了企业平台战略。

目前,百度贴吧完成了大量"官方吧"的入驻,已经成为在微博、微信之后很受关注的自媒体平台。

1. 百度贴吧是基于兴趣话题的聚合社群

百度贴吧给予用户平等的对话权,分割出不同的环境,成为互联网亚文化的重要诞生地。

那么,什么是互联网亚文化呢?互联网亚文化又被称为小文化、集体文化、副文化。互联网亚文化主要是指某一文化群体所属次级群体的成员共有的信念、价值观或生活习惯。

百度贴吧是基于共同话题聚合的社群，满足了人们的两大需求，即追求个性和寻找知音。在百度贴吧里，年轻人不用遵循各种条条框框，他们可以自由发挥。无论是幽默的人，还是喜欢吐槽的人，只要一个关键词搜索，就可以在百度贴吧中聚集一群有共同兴趣爱好的人，大家一起畅聊。

百度帖吧和用户串接在一起所形成的关键词或话题缔造出了一系列的流行热词，例如：白富美、高富帅、喵星人、欧巴等。

2. 百度贴吧是企业进行社群营销的基石

百度贴吧聚集着大量年轻用户，随着影响力的逐渐扩大，百度贴吧的商业价值也在不断扩大。

百度贴吧是UGC平台，因此在很大程度上增强了百度的媒体属性，制造了话题和搜索热点，在一定程度上提升了社会影响力。

UGC是指用户原创内容，并不是某一种具体业务，而是一种用户使用互联网的方式。在互联网时代，网络用户的交互作用得以体现。互联网用户是网络内容的浏览者，同时也是网络内容的创造者。

中国互联网的"粉丝文化"源于百度贴吧，由于贴吧具有社会性、话题性的特征，因此可以使网友找到兴趣的切入点，充分放松自己。

人类有社交的需求，渴望寻找社群归属。在人们进行社群交流时，百度贴吧会积累大量数据，这就帮助百度建立起用户的兴趣图谱。因此，百度贴吧是企业进行社群营销的基石。

3. 贴吧的价值洞察

可以说，贴吧是年轻人的主场，百度贴吧适合企业做年轻态的调查。百度贴吧属于自媒体，在这样的平台中，"价值洞察"是与用户交互的重要原则之一。品牌企业可以在百度贴吧上建立社群，让成员在社群中发帖。在相互交流的过程中，企业可以了解年轻消费者的行为习惯和需求，洞察价值。

4. "企业官方吧"的价值

"企业官方吧"可以为品牌带来一些价值，因此企业要重视其运营。运营"企业官方吧"要注意以下几点。

（1）满足为用户答疑解惑的刚需

贴吧的主要入口是百度搜索，进入贴吧的用户一般都带着一种动机，例如：想要与人沟通、想要了解些什么、想要解决什么问题等。如果关键字是品牌名，那么"企业官方吧"就会获得显著的价值。

当用户主动搜索某个企业的名称时，代表用户关注这个企业，就算暂时还不是该企业的粉丝，以后也可能会变成粉丝。其实，关注某个品牌、想要沟通，是用户来到"企业官方吧"的主要诉求。

当用户主动关注企业官方吧时，企业官方吧就应该热情为用户答疑解惑，回答用户对品牌和产品的各种疑问。企业要洞察用户的各种需求，听取用户的意见，为用户提供良好的沟通体验，从而获得用户的信任。

从某个角度来说，贴吧是一个能提升品牌知名度的平台。例如招商银行吧就很好地利用了百度贴吧来推广品牌。

招商银行在百度贴吧顶部显要位置摆放："热——新手必读十大信用卡热门提问"以及"所有小招产品反馈专贴"，这充分体现出招商银行为用户答疑解惑的思维。招商银行懂得持续与用户进行沟通，服务用户。

（2）做年轻态的价值洞察

如今，越来越多的品牌意识到"客户终身价值"的重要性。品牌早些与年轻人建立情感连接，就有更多机会获得长远的商业利润。

贴吧是年轻人的天下，因此适合品牌做年轻态的价值洞察。在贴吧中与用户交互的重要原则之一就是"价值洞察"。通过观察、了解年轻消费者的真实需求和行为习惯，贴吧能够不断洞察企业期望提供的价值的有效性，从而向企业交出符合其预期的价值。

中信银行章鱼卡吧在这方面就做得非常出色。

中信银行与百度贴吧合作推出了"壕"卡，在百度贴吧直接开设"贴吧银行"，启动了针对年轻人的办卡服务。该项目还通过不同时代风貌特征的社会化传播海报来引爆情绪。这是一个通过社会化营销平台进行价值洞察与价值交付的经典案例。

论坛营销策略

企业开展论坛营销，应该制定相关策略，例如：产品策略、价格策略、渠道策略等。如今，论坛营销在中国企业中的应用正逐步深入。然而，相比国际优秀企业而言，国内的网络营销应用刚刚进入起步阶段。随着网络营销对于传统营销的渗透，国内企业应该更充分、有效地利用低成本、高效率的网络营销手段。

■ 产品策略

企业要使用论坛营销，就要首先明确自己的产品或者服务项目，从而准确定位目标群体。与其他销售渠道相比，通过论坛这个渠道来销售产品，企业可以节省费用。如果产品选择得当，企业可以通过论坛营销获得更大的利润。

■ 价格策略

价格策略是企业在论坛营销中不可忽视的方面。论坛营销中，价格策略是成本与价格的直接对话，由于信息的开放性，消费者可以轻松掌握同行业各个竞争者的价格区间，因此，价格很多时候是引导消费者作出购买决策的关键所在。

由于竞争者的冲击，论坛营销的价格策略应该适时调整，企业营销的目的不同，在不同的时间可以制定不同的价格。例如：在自身品牌推广阶段，可以用低价来吸引消费者，在计算成本的基础上，减少利润而提高市场占有率。当品牌有了一定的积累时，企业可制定自动价格调整系统，降低成本，根据市场供需状况以及竞争对手的报价适时调整价格。

■ 促销策略

促销策略也是论坛营销的重要组成部分，网上促销没有传统营销模式下的人员促销或者直接接触式的促销，而是通过大量的网络广告这种软营销模式来达到促销效果。对于企业来说，这样可以节省大量人力支出和财力支出。

企业通过网络广告挖掘潜在消费者，可以通过网络的丰富资源与非竞争对手合作，以此拓宽产品的消费层面。

企业开展论坛促销，能避免现实中促销的千篇一律，可以根据企业的文化以及与相关宣传网站的企业文化相结合，从而达到最佳的促销效果。

■ 渠道策略

论坛营销的渠道，应该根据"让消费者方便"的原则设置。为了在网络中吸引消费者关注公司的产品，可以根据本公司的产品，联合其他企业的相关产品，作为企业的产品的外延，相关产品的同时出现能够有效地吸引消费者的关注。

如何做好论坛营销

做好论坛营销，要从多个方面入手。

在论坛营销的整个过程中，论坛数据库的建立、论坛软文营销、论坛账号信息的维护以及论坛营销组合策略都至关重要。

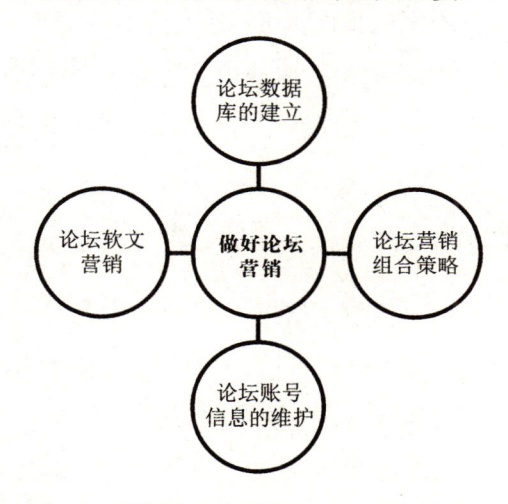

营销过程中的每个环节都不容忽视，否则就难以获得良好的营销效果。正所谓"细节决定成败"，在论坛营销这方面，每个细节都会影响到最终结果。

■ 论坛数据库的建立

企业定位好营销方向之后，就可以选择发布信息的论坛。论坛数据库的建立是论坛营销的基础，数据库建立的质量高低关系到论坛营销能否顺利开展。

若要做专业的论坛推广，不可能注册一个论坛发一个帖子，因为那样会降低工作的效率，也起不到任何宣传效果。另一方面，一些论坛为了防灌水、防广告，对论坛注册以及发帖设置了多重限制。例如：注册时间少于1小时、2小时或者24小时就不可以发帖，注册用户的积分累计不到100不可以发帖，以及注册必须进行邮箱验证等限制。因此，建立论坛数据库很重要。

论坛数据所需要的信息包括论坛的名称、论坛的地址、论坛的分类、论坛的核心版块列表、论坛的活跃指数（论坛星级），把这些信息整理在一起之后，进行营销推广就可以得心应手。

一般来说，数据库中的论坛所使用的用户名、密码以及注册时使用的邮箱需要保持一致，这主要是为了方便后期的营销和推广。

■ 论坛营销组合策略

论坛营销组合策略有两方面的含义：一方面是指通过对消费群体经常光临的门户、社区以及网站进行科学的组合，根据人气、流量，分主次和批次在推广中选择组合，使推广达到最佳的效果；另一方面是指论坛营销要与其他的营销方式结合起来，要维护通过论坛营销获得的潜在用户，从而达到自己的营销目的。例如：你发布了信息，然后有人给你回帖了，但是并没有表示自己的明确意向，这时你就要尽可能地查找对方的信息，然后通过QQ、MSN、邮件对这些用户进行营销。

开展论坛活动是论坛营销组合策略中重要的组成部分。开展论坛活动，需要论坛官方的配合。通过论坛活动来进行营销推广，取得的效果是明显的。论坛活动能够很好地调动网民的积极性，即使做一个纯粹的商业性广告，也能使网友很好地参与进来，从而提高互动性。论坛线上营销要与线下营销推广结合起来，这样，举办研讨会、招聘会等，都可以促进营销推广。

■ **论坛账号信息的维护**

无论是企业还是个人，注册了一个论坛的会员，发完广告之后，要定期去维护自己的论坛账号。除了发广告之外，还要尽量去论坛活动，争取成为论坛的核心会员，这样就能更方便地推广产品，可以对自己的帖子进行加精、置顶等操作。除了在论坛活跃之外，还可以与其他的论坛会员进行沟通，加入论坛的官方QQ群，加强交流与合作。

论坛账号的维护还包括对个人信息的完善，例如：年龄、昵称、个性头像以及个性签名等。完善了个人信息之后，会使人觉得有亲切感。

在个性签名里，可以用简短的文字发布自己的产品或者企业信息，这样可以保证不会被删掉，也是广告发布的一个好方式。另外，可以顺便把自己网站或者论坛的网址放在个性签名里，这样搜索引擎在搜索这个论坛或者所发的帖子时会顺便把个性签名里的网址搜索到，这有助于网站的SEO优化。

■ **论坛软文营销**

在论坛营销中，最主要的方式就是软文营销。相对于硬性广告而言，论坛营销软文采用唯美的语言将产品形象化，激发阅读者的兴趣，进而使其产生消费的欲望。软文写作的目的是把企业的产品和形象通过精美的文字进行包装，从而达到宣传的效果。软文写作的最高境界就是言之无物，实则有物。

如今，软文是企业或者产品营销推广中一种较为实用的方式，通过软文营销，可以达到做广告的效果，还能提高企业的知名度和美誉度。

写软文时，首先要选切入点，知道如何把需要宣传的产品、服务或品牌等信息完美地嵌入文章的内容中。其次，设计文章结构时，要把握整体方向，控制好文章的走势，选择冲击力强的标题。另外，要注意完善整体文字，根据框架丰富内容，使用恰当的语言来润色内容。

论坛软文的推广是论坛营销是否可以成功的关键，有了论坛数据、营销软文，就可以把企业的产品和品牌传播出去。

随着营销软文的日益增多，人们对软文逐渐有了免疫力，论坛管理人员对软广告的判断能力也越来越高，因此摆在论坛营销人员面前的问题就是该怎么发布信息。

很多论坛都有灌水专区、杂谈之类的版块，若无法找到与自己所发布的信息完全相符合的版块，那么可以发布在这样的版块里。另外，若内容广告性较强，选择的论坛又没有广告专栏，也可以发布在这样的版块里，这样能提高帖子的存活几率。当然，若这个论坛有广告专栏，就可以把广告性较强的软文发布到广告区里。

做推广的时候，有人不想在小论坛或者地方性论坛发帖，其实不然。要知道，论坛都是由网民组成的，网民有着很大的互通性。地方性论坛的网民也可能成为企业的潜在客户。一般来说，地方性论坛的限制较少。

发布软文之后，企业要懂得使用这些软文。若发布软文的论坛活跃度较高，就可以多注册几个账号，然后在自己的帖子后边回复。每次回复帖子，帖子就会被翻到整个版块的文章列表首位。

对于软文或者广告，还可以在那些比较热门的帖子后边以回帖的方式发布，但这样的回帖存活的几率一般不高。

利用软文进行营销推广，要分阶段、分层次进行。在整个推广周期中，不同时期可以发布不同的软文。

论坛营销成功案例：
"让消费者参与进来"的小米论坛

小米的第一款产品并非手机，而是MIUI手机操作系统。小米先从许多爱好者中挑选出100名志愿者，让这些人参与系统的设计和改良。这100名志愿者是MIUI系统最初的体验者，这些人每天负责试用，然后提出各种各样的改良意见。许多公司做到这一步也许就结束了，然而小米并没有结束，而是把这支队伍无限扩大，让所有有意愿的"米粉"参与进来，然后在"小米论坛"上发布改良方案。

小米公司有专门的团队负责整理"米粉"的意见，然后在产品中切实体现出来。凡是小米的粉丝，只要有意愿，就有机会向小米团队献计献策。

可以说，小米的产品是所有粉丝共同设计出来的，"米粉"用的是自己的产品。"米粉"拿着一部几百元的红米手机，即便走在大街上，心中也会感到自豪，因为自己参与了这部手机的设计。

在MIUI系统发布时，小米已经积累了50万的忠诚用户。这50万用户都曾给MIUI系统的研发改良工作提出过意见。最早版本的MIUI系统算是这50万用户共同努力的结果。在这50万用户的基础上，小米发布了第一款手机。自此，小米的客户规模逐渐庞大起来。

在小米发展的过程中，一直完全开放自己，让消费者参与进来。要知道，让消费者参与进来并不是容易的事情，并不是让消费者填调查问卷那么简单。小米是真正征集消费者的意见，让消费者参与产品的设计、生产等环节，生产出消费者愿意接受的产品。

其实，从专业的角度来说，小米的工作人员在开发程序、产品设计、生产等方面比消费者更加专业，可是，让消费者参与其中，能够增进消费者与小米品牌之间的感情。

在消费者与小米互动的过程中，充分借助了论坛这个平台。所以，论坛在社群营销中占有重要地位，是企业与消费者沟通的桥梁。

第 8 章　豆瓣小组与社群营销

　　豆瓣是个很有代表性的互动营销平台,几乎所有营销活动都能第一时间在社区中得到用户的评价、反馈与传播,这种评价又会快速地通过用户进行传播。

文艺青年与高知的聚集地

2005年，豆瓣网创立，而后如一匹黑马迅速壮大，在阅读者、影迷、音乐爱好者中具有举足轻重的地位。豆瓣网目前是中国最具特色的文化、兴趣评论和分享社区。

豆瓣产品功能

豆瓣产品功能	内容描述
基于电影、音乐、图书的条目评论和分享	平均每日收藏条目数230000左右，累计总评论80万以上，每日新增原创评论2500左右，向多家平面媒体定期输出评论榜单。
大型互动社区	豆瓣共有小组183810个，小组总人数150万，平均日新增话题11000左右，相关品牌小组众多。
大型同城及线上活动社区	共有同城主办方600多，活动总参与人数900多万人，每日新增活动400个左右，活动页面每日pv278000。

豆瓣网聚集了大批文艺青年、艺术爱好者、图书爱好者和高知群体。豆瓣的用户，超过80%拥有本科以上学历，其中拥有研究生以上学历者超过17%。

许多独立音乐人和摇滚音乐人都在豆瓣上建立了自己的音乐人页面。到目前为止，豆瓣音乐人达3000多人，总关注人数在75万以上。

豆瓣电台可以为品牌客户提供全新的网络互动广告，并与站内其他内容充分整合，提供基于音频的全新用户互动形式。

由于意见领袖的聚集，如今豆瓣已经成为潮流的引领地，可以说，许多新鲜的事物都发源于豆瓣。

■ 豆瓣网的社区营销

自2005年以来，互联网掀起了一阵豆瓣风。在该网站，用户可以自由发表有关书籍、电影、音乐的评论，也可以搜索别人的推荐。

豆瓣网所有的内容、分类、筛选、排序都由用户创造和决定，甚至在其主页出现的内容也取决于用户的选择。

豆瓣网以个性的书评及其有效的推荐机制形成了众多风格迥异、拥有共同话题的小组，有效地吸引了大量网友。

豆瓣是基于SNS技术的 Web2.0 网站。那么，什么是SNS呢？即 Social Net-work Software（社会化网络软件），它将虚拟网络和社会网络结合在一起，打造社区性传播方式、模拟群体交往方式，从而营造出一种"交往"的真实感。

豆瓣网作为web2.0环境下创新的图书评论网站，与生俱来的社会化网络媒体特征使它成为社群营销的土壤，为企业开展社群营销奠定了坚实的基础，为整个互联网增色不少。

豆瓣网与所有Web2.0网站相同，其内容来自用户。不同的是，豆瓣网把内容的把关权也完全交给用户。也就是说，豆瓣网没有一个固定的专业编辑，其所有的内容、分类、筛选、排序都由普通成员来决定。

这一点充分激发了注册网民参与内容生产的积极性,还使被动网民(非注册)实现个性化阅读,并以点击"推荐"等轻松的方式来决定内容的排行榜。

通过用户的创造和分享,如今豆瓣已经形成无数个具有共同话题的小圈子,通过"TAG"标签和"关注",进而形成一个庞大的好友社区。

经常登录"豆瓣"的网友,一般都是为各个小组而来。这些小组与现实生活中具有紧密联系和共同目的之群体不同,与网络空间中临时形成的松散群体不同,它是因为网民彼此具有某种相似性且相互吸引而形成的一个个群体,是特色分明、凝聚力强、可交流性好、互动性高的网络群体。

营销人员完全可以通过创建豆瓣小组来营销,加以引导,在组内实施一系列深度的讨论。可以对"碎片"的小组进行整合,从而形成声势浩大的传播优势。

对于口碑良好的"优质产品",则更容易凭借其良好的口碑在豆瓣上进行一种病毒式的传播扩散,实现口碑营销。

■ 豆瓣网强大的口碑营销

豆瓣是互动营销平台,几乎所有营销活动都第一时间在社区中得到用户的评价、反馈与传播,这种评价又快速地通过用户进行传播。

豆瓣网成功的营销案例非常多,利用豆瓣网营销,品牌既能获得超高的人气,又能赢得良好的口碑。

1. 福特

福特为配合新车嘉年华的全国营销活动,在豆瓣开设专区,进行嘉年华的文化营销工作。

福特利用豆瓣minisite将多个企业事件以及嘉年华的相关内容进行有机整合，形成了福特嘉年华的线上展示平台，将汽车这一工业产品和豆瓣这一文化平台有机地结合到一起。

2. Swatch

Swatch把豆瓣作为"MTV Playground"的线上平台，有效利用豆瓣的"同城"功能，充分结合自身情况，以"豆瓣开放日"等独特的活动形式，引起了很多"豆友"的关注和参与，把Swatch中国区的总决赛办得有声有色。

3. 爱尔兰旅游局

爱尔兰旅游局在豆瓣进行了爱尔兰旅游整体品牌的广告投放，希望能够以此来提高人们对于爱尔兰的关注以及到爱尔兰旅游的兴趣。

豆瓣专门为爱尔兰旅游局策划了名为"They're Irish"的广告投放项目，充分运用了文化界名人在豆瓣的影响力，把电影《Once》以及小说家萧伯纳、爱尔兰乐队U2等元素与豆瓣中的相应产品结合在一起，进行页面的广告投放，一系列广告带动了许多与爱尔兰相关的豆瓣小组，从而形成了爱尔兰文化热潮。

4. 卡地亚

卡地亚在故宫博物院举行了名为"卡地亚艺术珍宝展"的活动，通过豆瓣的推广，找到与活动相关的社群。

相关人员在豆瓣"同城活动"开放活动平台，并且在豆瓣内部进行广告投放，为活动征集到几千名参与者，引发许多人对于活动的讨论，自此，卡地亚珍宝展成为街头巷尾的热门话题。

5. 联想

联想ThinkPad为新产品X100e在豆瓣开展了针对北京地区的寻宝活动，为了体现出X100e的诸多特色，植入了许多与产品相关的环节到活动中。

联想以X100e为名，在北京开展了寻宝活动，活动时间是3周。整个寻宝过程整合了线上线下的诸多元素，展现出该产品的外观设计和产品性能，为官方网站带去许多流量，有效增加了官方视频的浏览数。

豆瓣小组，有格调的社群

豆瓣小组是志趣相投的人在一起讨论话题的平台，无论你来自哪里，无论你有什么特殊的兴趣爱好，都可以在这里找到和你一样特别的人。

在豆瓣小组手机客户端，每个人都可以轻松地找到最活跃的兴趣小组，随时随地参与最火热的话题讨论。

豆瓣上有非常多有特色而且人气超高的豆瓣小组，营销者可以加入豆瓣小组，在豆瓣小组里推广产品信息。

在这里我们列举一些豆瓣人气超高的豆瓣小组。营销人员可以找到和自己目标群体匹配的小组，加入进去，在小组里发布推广产品信息。需要注意的是：发布硬广告，会被小组管理人员删除。

你也可以申请建立自己的豆瓣小组，管理运营豆瓣小组，提高小组的人气，并把人气转化为购买率。

- 重新设计话题内的翻页功能
- 分享到豆瓣广播调整为推荐到豆瓣形式
- 增加点对点回应功能、准确定位功能
- 增加清理缓存功能
- 优化"发现话题",可以查看更多的话题推荐
- 增强小组内链接的跳转支持
- 发布带图片话题时,修复小图片显示不正常的bug
- 对下拉刷新和上拉加载更多操作进行优化
- 修复其他一些可能导致崩溃的bug

人气超高的豆瓣小组

豆瓣小组名	描述
经典短篇阅读	小组内有很多经典文章。
小抄小组	可以通过RSS订阅。
灵异小组	小组里有大量鬼故事。
北京租房小组	小组里有大量租房信息,用户在这里可以找到适合的房源。
爱猫俱乐部	这是一个可以治愈心灵的俱乐部,爱猫的人士都可以进入这里。
不写影评,只讲段子	小组里面有很多电影的幕后故事。
我们爱讲冷笑话	小组里有很多超级搞笑的内容。
记事本圆梦小组	该豆瓣小组可以教用户如何高效率地利用记事本,包括纸制本以及evernote等云笔记类产品。
冷知识小组	用户在该豆瓣小组可以学到许多冷知识。
周伯通招聘小组	用户可以在该豆瓣小组获取招聘信息。用户不仅可以在这里找到全职工作,还可以找到兼职工作、实习工作。

建立豆瓣小组，相对来说比较简单，通过以下几步就可以实现。

（1）登录豆瓣官网https：//www.douban.com，点击"注册账号"。

（2）填写邮箱、手机号等信息，然后一步步完成操作。

(3)点击"小组",之后点击"申请创建小组"。

(4)进入页面后,点击"开始创建小组"。

步骤四:填写好小组的名字和资料,需要手机验证码。若不想要所有的人都看见你的小组,可以创建私密小组,私密小组则不能被公开。做好选择,认真填写相关信息,然后点击"提交申请"即可成功开通豆瓣小组。

运营推广豆瓣小组,提高小组人气

■ 豆瓣小组初期运营注意事项

建立自己的豆瓣小组后,要进行有效的运营管理,才能提高小组人气,从而为下一步的社群营销做好准备。在小组运营的初期,要注意以下几点:

(1)小组的主题定位不能太细分,不然没人气。如果你是运营一个家具类电子商务的网站,那么你不妨以"家居生活"为主题。

(2)前期,小组的介绍页面要亲切和有煽动性。

(3)前期1000个用户,需要主动去邀请,以及搭建起小组管理团队。如果你想推广自身的网站,那么你可以在豆瓣网上创建一个与你网站主题相关的小组,静心地去策划,多发一些有价值的文章来积累人气。

小组有了人气之后,你想如何推广就是你自身说了算了,不管是商品或网站链接还是营销软文都可以推广，由于小组简介中是可以放广告的，可以写上你网站提供的一些办事和促销讯息。

■ 策划线上活动和线下活动，吸粉引流

豆瓣网的"同城活动和线上活动模式"一直具有超高的人气，它不仅有很高的关注度和参与度，更有很多的媒体人关注、推荐及引用。

所以豆瓣上的活动在网络上的转载率很高，而且传统媒体也会偶尔采集相关同城活动。

创建活动的同时，也要去小组推广活动，并邀请"友邻"为活动前期积累人气。

■ 豆瓣小站和豆瓣小组组合使用

如果你想经营一个品牌形象，那么不要忘了创建一个小站。如果说小组是论坛，那么小站就是主题网站。

在这个小站里，可以随心所欲地发布相关产品、促销、新闻等。

如果你想推广一个公司、产品，或者简单一个话题，你都可以利用小站来建立自己的根据地，而且这个小站的名称也将会获得良好的排名。

第9章 知乎与社群营销

知乎聚集着各行各业的精英,是社群营销的绝佳阵地之一。用户可以在知乎上面获得自己想要的信息,还可以间接地推广产品。企业可以通过知乎来挖掘潜在客户。从某种角度来说,知乎的所有用户都能算作是企业的潜在客户,企业可以充分利用知乎的功能和资源开展社群营销。

知乎的热门问答充满"干货",因此知乎的内容很容易在微博、微信朋友圈中流传。一些短小的、具有传播优势的"抖机灵"答案,与知乎早期树立的长篇、专业的内容风格不同,但也容易获赞,成为热门的段子。

高质量的问答社区

知乎网是一个真实的网络问答社区,该社区氛围好,连接着各行各业的精英。知乎社区内的用户分享着彼此的专业知识、经验和见解,为中文互联网源源不断地提供高质量的信息。

知乎网站开放于2010年12月,3个月后获得了李开复的投资,1年后获得启明创投的近千万美元投资。

知乎过去采用邀请制注册方式,在2013年3月,知乎向公众开放注册。不到一年时间,注册用户由40万增至400万。

知乎几乎没有任何激励机制,没有积分、没有相应的等级提升体系,更没有任何形式的物质奖励,但用户的参与度却很高。因为知乎可以满足用户分享的欲望,同时满足了个人建立威望的需求。

知乎抓住了人性中的一个特点:分享。人其实是渴望分享的动物,Keso说他之所以在知乎上如此活跃,主要是因为"中国互联网在满足像我一样的人的需求方面,做得太少",而知乎正好给了他们一个高质量的分享舞台。

当然，分享的前提是高质量的问题，才能激起你回答的欲望。可以说，这个分享其实也是有回馈的，通过分享能让你建立威望。你回答得越多，就越显得你知识渊博，你的威望就越高。这恰好满足了马斯洛的需求金字塔中最高层次的需求，即自我实现的需求。

在这个"往来无白丁"的精英社区，回答的问题被精英、名人所"赞同"和"感谢"，顶层需求的强烈满足感比其他任何激励措施都更持续有效。

知乎以前的用户已经营造了一个良好的、高质量的问答氛围，知乎用户一句"谈笑有鸿儒，往来无白丁，无微博之乱耳，无SNS之劳形"形象地描绘了知乎的社区氛围。

1. 知乎像论坛

准确来说，知乎像是一个论坛。为什么这样说呢？用户围绕着某一感兴趣的话题进行相关的讨论，同时可以关注和自己兴趣一致的人。对于概念性的解释，网络几乎涵盖了用户所有的疑问。

可以说，对于发散思维的整合，是知乎的一大特色。知乎鼓励广大用户在问答过程中进行讨论，以便拓宽问题的发散性。知乎鼓励答案的非针对性，鼓励答案的可参考性。

2. 知乎比论坛更具排他性

知乎比论坛更加具有排他性，知乎的每一个注册用户都有一个PR（Person Rank），用户的每一个操作都将直接影响其个人的PR值。

在回答问题的时候，答案顺序按赞同票数排序。在赞同票数相同的情况下，按个人PR值排序，同时隐藏被认为无效的答案。这在一定程度上过滤了相当多的垃圾信息。

知乎问答

■ 知乎首页

知乎首页大致有四个功能区。在左侧，是"最新动态"，大约占到首页版面的70%，主要呈现用户所关注人的最新提问及回答等信息。

在首页右上方版面，是用户在知乎网相关行为的管理信息。有"我的草稿""我的收藏""所有问题""我关注的问题"和"邀请我回答的问题"。

在右侧中间位置，是网外邀请功能——"邀请好友加入知乎"。在该版块中，用户可以通过电子邮件和新浪微博邀请自己朋友加入到知乎社区中。

在右侧中下方，为用户关注或感兴趣话题推荐版块。在话题和用户推荐上，知乎运营方可能根据用户关注话题信息汇总，还可以通过用户在知乎网络相关行为数据记录统计，达到相当准确的推荐和汇总。

同时，值得一提的是，在右下方的"话题广场"版块中，知乎网将所有话题分类标签呈现，除搜索和导航之外，为用户提供一种很好的获取信息方式。

用户在知乎首页，除了查看最新问题及回答之外，还可以通过"设置""关注问题""添加评论""分享""感谢"和"收藏"等功能参与到自己感兴趣的问题中。

通过利用"设置"功能，用户还可以选择屏蔽话题。在所关注用户关注问题下方，也可以对该问题添加关注、添加评论等。

■ 知乎话题页

知乎话题页可以分为两个版块，一个是"话题广场"，另外一个是"热门话题"。在左侧为"话题广场"信息，大约占到版面的70%。在这一版块中，用户可以对所关注话题下问题点击查看，也可以对所关注话题进行"固定"和"取消关注"操作。

在右下方，是"热门话题"版面。在这一版面中，用户可以了解到所关注话题，例如：子话题、关注人数和动态等信息。

■ 知乎个人主页

知乎个人主页大致分为五个版面，即"个人资料""个人回答""个人主页""搜索用户问题和答案""关注人和被关注信息"和"关注话题"。

在"个人资料"版面，用户可以通过点击"查看详细资料"查看用户"个人成就""职业经历""居住信息""教育经历""擅长技能"五个方面的信息。如果是知乎用户，可以通过点击"编辑我的资料"完善以上五个方面信息。

页面左下方为"个人回答"版面，是用户对相关问题的回答信息。

以上"个人资料"和"个人回答"两个版面能占到整个版面的70%。

在页面右上方,为"个人主页"版面,是对知乎最新动态、用户提的问题、回答、收藏和日志信息的汇总。

页面右侧中间位置是一个搜索框。用户可以通过这个搜索框查询具体用户的问题以及回答内容。

右侧中下方,分别是用户个人关注人或被关注和关注话题信息。用户可以通过点击相关图标,一键链接到具体板块中。

■ 知乎问题页面

知乎问题页面是知乎最主要的页面。在该页面,用户可以了解、编辑、回答具体问题和信息。

知乎这一版面按照功能大致可以分为六个部分,即"问题回答""关注功能""邀请功能""相关问题链接""分享功能"和"问题状态"。

在左侧位置,为"问题回答"版面,大约占到这一版块的70%。在这一版块的版面中,用户可以对相关问题进行修改、评论、举报和管理投票。用户可以对相关问题、问题标签和问题补充进行修改。

另外,如果发现不合适或自己不感兴趣的问题,用户也可以评论或举报。在问题回答上,用户可以按照适合自己的方式对问题回答进行排序操作。

值得一提的是,每个回答左侧有分别代表赞同和反对的一上一下两个三角形。用户可以根据自己对知识的理解或兴趣对问题回答进行个性化管理。

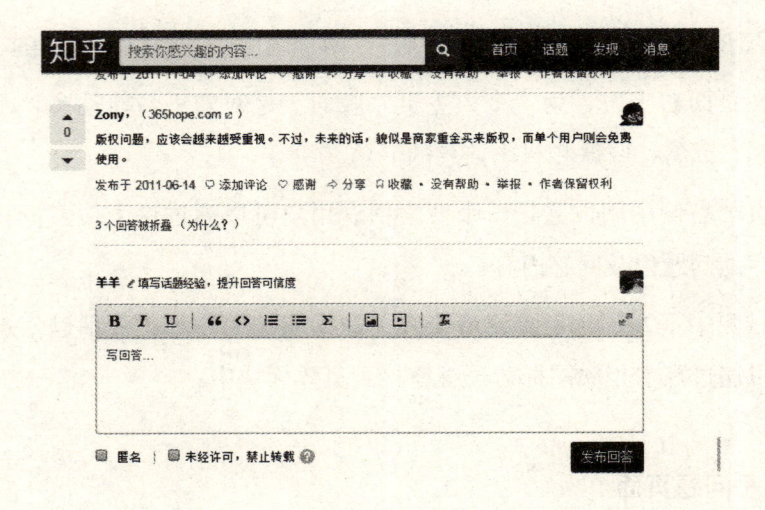

在这一版块右侧，由上到下首先是"关注"功能。在该功能版块中，用户可以对问题进行关注，这与新浪微博的关注功能类似。只是，知乎关注主要针对具体问题，而新浪微博主要针对具体用户。

右侧的下方是"邀请别人回答问题"版面。这与前面"知乎首页"和"知乎通知"板块介绍功能一样。

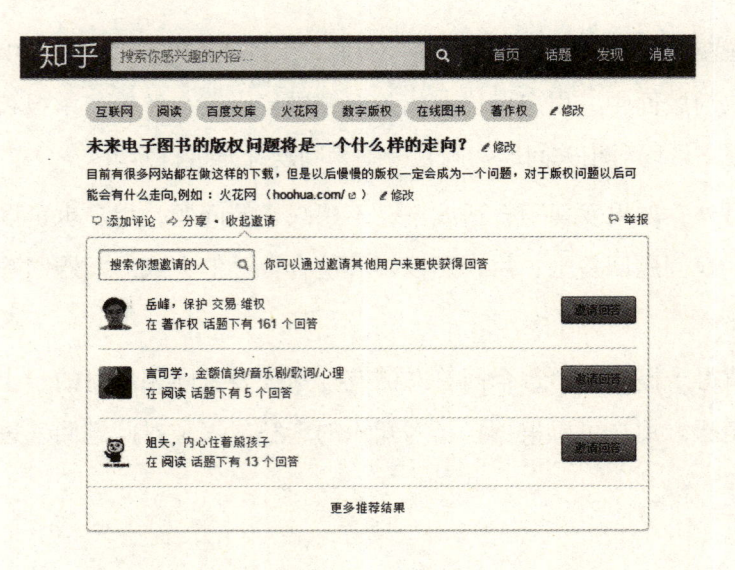

再向下，是与问题相关的各个问题。这是许多网站系统推荐方式的一种。虽然这一种推荐方式在技术和经验上相对比较成熟，但效果还有改善的余地和空间。

知乎在问题相关问题链接方面，主要是针对具体问题特点，通过相应算法进行机器推荐，并没有做到针对不同用户爱好的个性化推荐效果。

再向下，便是问题分享功能。用户可以将知乎问题通过"微博"和"邮件"进行站外分享和通过"站内私信"进行站内分享。

右侧最下方位置是问题状态。在这一版面中，用户可以了解该问题的发生时间、被浏览次数、相关话题关注人数和该问题关注人数信息。

开设知乎账号有讲究

在知乎上,无论是提问还是回答问题,都是营销者进行营销的绝佳机会。

就个人而言,如果在知乎上的目的过于直接,很容易就让人看出你想在知乎进行营销,那么后面的步骤就难以进行下去。

目前,知乎禁止机构或组织开设账号,只限个人账号注册。一旦知乎发现机构账户,就有被封号的危险。有很多人自愿成为知乎规则的维护者,主动发现并举报那些违反规则的人。

开设知乎账号应注意以下几点。

■ 开设账号应有用

不要因为好奇而开设知乎账号,也不要为了发广告而开设知乎账号。说得直接一点,广告目的不要太明显。最好是想充分利用知乎的功能,获得相关信息。

- **避免发布灌水信息**

有些知乎用户开设了知乎账号,过了一段时间登录,发现账号被封了。这是为什么呢?肯定是用户在操作知乎账号时发布了灌水信息,或者是发布了一些明显带有广告性质的内容。

- **尊重知乎上面的其他用户**

在知乎上面,用户应该彼此尊重,避免使用不恰当的语言,不能诽谤他人,不能骂人,每个知乎用户都应该做文明人。要明确开设账号的目的,获取有价值的信息,用正确的方式与人进行交流。

知乎营销策略

■ 利用情感类问题进行营销

尽管有些人想根据知乎热门答案找出一个传播规律，试图用这种规律创造出新的人造热点，但是目前比较热门的条目几乎没有什么规律可言。

到目前为止，知乎仍然保有一种优秀的品质，那就是只有"干货"才会在知乎中流行。

相对而言，情感领域值得探讨，人们可以利用情感类问题间接地进行营销。无论一个人学的是什么专业，都会对情感领域的讨论感兴趣。

在情感领域，根本不存在所谓的专家，因此，不管人们在其他领域有多么专业，在情感领域都有一些困惑。在情感领域，答案获得点赞的数量往往取决于回答者本身的人气。

在情感领域，经常会有这样一些问题，例如：男子体现出强烈的大男子主义、女子嫉妒心强之类。对于这些问题，通常会被归于"这种人居然都有男/女朋友"的领域。

在这种情况下，一些大V的关注和回答常常会使这个问题一下子火起来。人们看到新用户和匿名用户讲述个人成长经历的长答案，大V在这个时候需要做的很简单，就是一句话的表态即可。

在知乎平台，若出现一个较"好"的问题，这里的"好"并不是指问题质量高，可能质量低，提问者是奇葩，这样的"好"问题往往能够吸引一些大V用户来回答，所以很容易火起来。在这种情况下，知乎用户就可以切入营销性回答，借势而起。

借助情感类问题进行营销，首先要确认自己的产品是否能借助情感类问题进行切入。例如：一种热门的、可以上瘾的商品消费引起了情侣之间的矛盾；一种具有争议的产品消费引发了双方价值观的冲突；产品大量占用一方时间，导致另外一方有被冷落的感觉。这类问题就很容易嵌入自己的品牌，从而引发用户的大量关注。

■ 利用创业类问题进行营销

科技创业类公司想要通过知乎进行推广，有一种十分有效的方法，那就是通过创业体验的问题，把自己创造公司的辛酸历程详细地写出来。每个人都有一些故事，这些故事在知乎上很受欢迎。

创业成功者可以在创业相关问题下进行回答，说出自己的亲身经历，甚至可以找自己的朋友帮忙点赞。

当然，讲述创业历程中的干货，将会赢得众多粉丝的转发、感谢和回应。在回答当中放入个人微信号、微信公众号，或者放一个问题的链接，这相当于在隐形地植入广告。

下图截取了知乎网创业类的一个热门回答，让我们来看看回答者的营销力及广告方式。

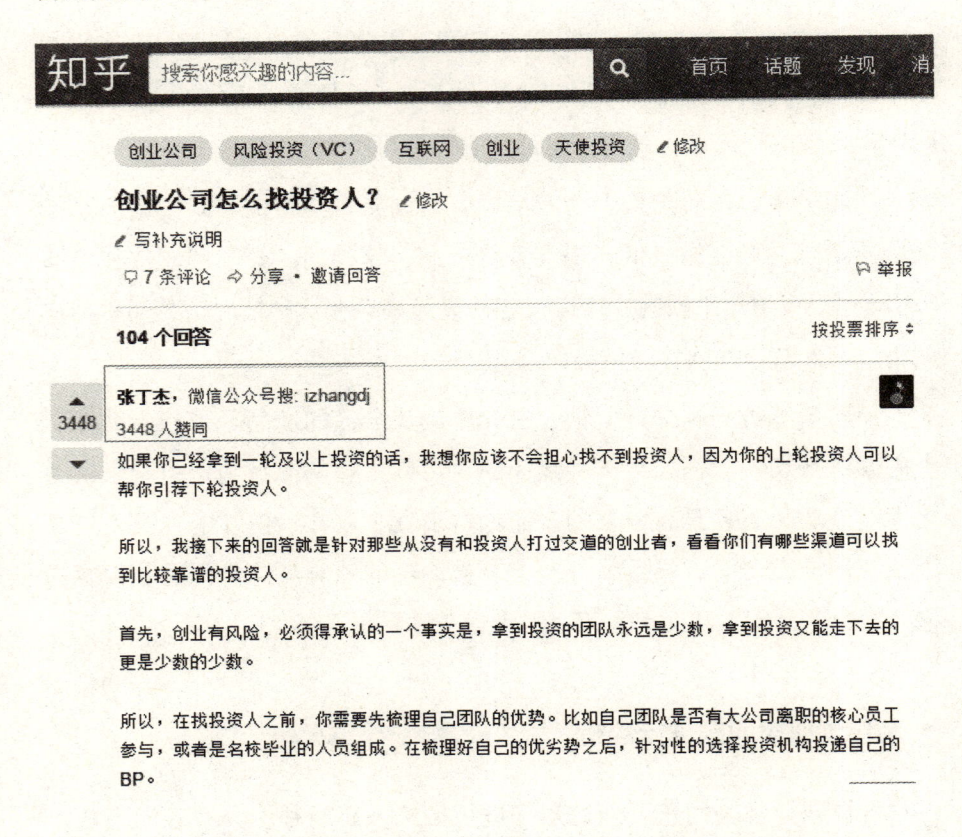

知乎 搜索你感兴趣的内容... 首页 话题 发现 消

创业公司 风险投资（VC） 互联网 创业 天使投资 ✎修改

创业公司怎么找投资人？ ✎修改

✎ 写补充说明

💬 7 条评论 · 分享 · 邀请回答 ⚑举报

104 个回答 按投票排序 ⇕

3448 张丁杰，微信公众号搜：izhangdj
3448 人赞同

如果你已经拿到一轮及以上投资的话，我想你应该不会担心找不到投资人，因为你的上轮投资人可以帮你引荐下轮投资人。

所以，我接下来的回答就是针对那些从没有和投资人打过交道的创业者，看看你们有哪些渠道可以找到比较靠谱的投资人。

首先，创业有风险，必须得承认的一个事实是，拿到投资的团队永远是少数，拿到投资又能走下去的更是少数的少数。

所以，在找投资人之前，你需要先梳理自己团队的优势。比如自己团队是否有大公司离职的核心员工参与，或者是名校毕业的人员组成。在梳理好自己的优劣势之后，针对性的选择投资机构投递自己的BP。

回答者张丁杰实名注册知乎账号，同时放置了他的微信公众号，这份回答获得3448人赞同。3448个赞同的人中，假设有30%能转化为公众号的粉丝，那么这个回答至少获得了1000多个粉丝。

■ **知乎营销的注意事项**

在知乎中，需要注重版权的问题。一字一句的引用都需要注明出处，尽量找到图片视频外链的来源，站内引用要向回答者本人私信，征求对方完全知情和同意。

在知乎中，抄袭会使一个人名声扫地。

若问题走的是"奇葩"路线，需要注意匿名提问。匿名就不会让别人挖掘到你的个人资料，不会暴露出你与这个问题相关。

若产品本身并不知名，在进行问题设置时，只要出现产品名字就会被人快速识别出来。在这种情况之下，只能突出产品的属性，尽量不要把商标等刻意地放进问题里面。

知乎有一些被大家公认的原则，例如：承认天赋差距；绝对支持LGBT群体；支持转基因；主张孩子不是自己的私有物，不能强行对其灌输价值观等等。

总体来说，知乎的答案要有内容，要让读者有所收获。回答问题的价值要大于推销品牌带来的损伤。要坚持一个不变的原则——答案中有营销的痕迹，却很实用，读者值得一看——这样就算利用知乎营销成功了。

知乎H5营销案例

2014年,知乎推出了H5小游戏,名字叫"财务包子铺"。在游戏中,用户以一个包子铺创业老板的身份在不同的场景设定中进行选择,步步经营,直到建立包子帝国。推出这款游戏的目的并不单单是娱乐大众,还是为了知乎的新书做推广。

在上线的3天内,"财务包子铺"的访问量在300万左右,有效转化量为55万。游戏导入的流量为新书带来了亚马逊销售榜第一的位置。

包子铺的成功主要体现在以下几个方面。

■ "包子铺"设定 and 寓教于乐

很多人会好奇,为什么游戏会设定成接地气的"包子铺"呢?在知乎的各种金融类话题中,回答者举例时经常用"包子铺"来指代某家企业,把一些枯燥的财务知识转化成很容易看懂的"包子铺"故事。

在知乎上,"包子铺"具有较高的辨识度,很容易被人接受。"包子铺"这种略带调侃的词汇很容易传播，那些熟悉"包子铺"话题的用户会乐于参与其中。

"财务包子铺"的信息量庞大，近2万字的文案中既有"优酷直播论战"以及"特斯拉送外卖"等时政热门内容，还融会贯通了"财务三张表"这类专业知识。

游戏采用寓教于乐的形式，把经营理念和财务知识融入其中。"财务包子铺"在形式上是轻松调侃风格的游戏，其实游戏涉及到了许多财务、公司经营相关的知识。游戏有着一定的难度，若能够通关的话，用户可以获得满足感，从而激发传播的意愿。实际上，游戏有难度是好事，用户的成就感来源于智力劳动的付出和被肯定的成绩。

■ 有趣的游戏体验

"财务包子铺"被广泛传播，因为它有趣味性文案、丰富的游戏体验以及多样的结局。游戏共有95种结局，每种文案都采用类似"资金链断裂的你将白条拧成一股绳，踢翻笼屉，从人证慢慢变成物证"这样脑洞大开的思路，并且搭配36种像素风格的配图，使"刷结局"成为人们的一种乐趣。平均每位玩家的停留时间约为7分钟，高级玩家会重复玩几十次。因为游戏很有趣，所以人们对它欲罢不能，玩了一次之后还想多玩几次。这款游戏成功抓住了用户的心理，设计得恰到好处。

"财务包子铺"这款游戏属于经营类游戏，选择该游戏的每位玩家都有一笔初始资金，每一次的经营决策都会增加或减少资金量。若用户的"包子铺"要上市的话，就需要有上亿的身家。游戏及时反馈的财富值激励，在一定程度上激发了用户参与的积极性。

■ 品牌信息植入

在整个游戏中，若用户经营不善，有可能导致"包子铺"濒临倒闭。在这种情况下，会弹出一个对话框，让用户从三本书中选择救命秘籍，其中就包括《金钱有术》，只要选择它就能获得续命的机会，通过人的自然心理反应建立认同感。

当游戏进入到结束页面的时候，会出现一个"经营秘籍"按钮，按一下即可链接到《金钱有术》在亚马逊的购买页面，这样就达到了成功推销书的目的。

虽然这样的按钮设定暴露出了推广新书的目的，但在用户看来，这是一种可以接受的形式。"经营秘籍"塑造出来的是类似游戏道具或者神装备的形象。这种"产品道具化"的设定，基于产品本身的价值点，将其融入到H5这款游戏中，作为实用的道具来使用，可谓新意十足。

第10章　社群运营关键策略

社群运营有着一定的规则，商家一定要遵循规则。

社群运营并非想象中那么简单，无论是企业还是个人营销者，都要掌握一些运营策略。设计品牌、挖掘粉丝、与粉丝互动、开展活动等，这些都是社群运营不容忽视的关键策略。

打造消费者信赖的品牌

让人容易记住的名字、良好的产品、可观的市场份额,这些都是成就一个好品牌的必要条件。一个好的品牌,其核心要素在于它在消费者心目中的价值,有了这种价值,商家就可以和消费者建立稳固的感情。

以苹果手机为例,在这个世界上,是否有公司可以设计并制造出比苹果更好的手机呢?答案是肯定的。尽管这样,依然没有哪个品牌可以动摇消费者对于苹果手机的偏爱。

因为,对于消费者而言,"苹果"不仅仅是一部手机,"苹果"还是地位、身份、时尚的象征。这里所说的地位,并不是说拥有一部苹果手机的人就高人一等,是指苹果手机可以体现出一个人的品位。

其实,许多企业的品牌名称和业务之间没有任何关系。例如:在苹果手机出现之前,"苹果"和手机、电脑、笔记本电脑之间就没有关系。

苹果公司把品牌名称取名为"苹果",是有典故的。

最初乔布斯思考给公司取个什么名字的时候,他正寄住在朋友的农场里,当时正值苹果成熟的季节,乔布斯一时兴起,就把公司取名为"苹果"。

如今,我们看到的苹果标志有一个被咬过的缺口,这是设计师精心设计的，不想让苹果看起来像一个樱桃。

对于喜爱苹果手机的人来说，品牌本身会凌驾于品牌价格、品质之上，消费者和"苹果"这个品牌建立起情感依赖。

那么，如何打造消费者对品牌的偏爱呢？

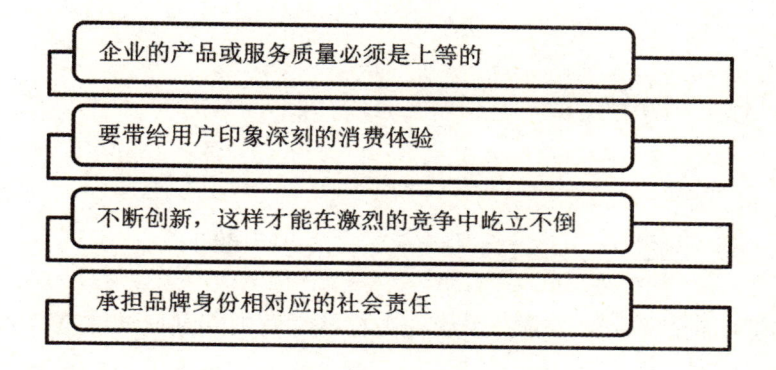

- 企业的产品或服务质量必须是上等的
- 要带给用户印象深刻的消费体验
- 不断创新，这样才能在激烈的竞争中屹立不倒
- 承担品牌身份相对应的社会责任

企业需要注意的是，尽管有了社群营销这种营销方式，但是基本功还是不容忽视的。打造有影响力的品牌是进行社群营销的前提。另外，还要注重产品的品质，任何人都喜欢有品质的消费品。

"苹果"这个品牌很容易被人识别，可以说，苹果公司的品牌打造得相当成功。拥有这样有影响力的品牌，进行社群营销就会比较顺畅。

小敏买了一部苹果手机，然后在公司里拿给同事小丽看，同事感觉这款手机真不错，就会去买一款。

小丽买完手机以后，就用手机拍了很多自拍，传到微信朋友圈，附言"苹果手机的像素就是高"。

小丽的亲人、好友都觉得小丽的自拍照确实很漂亮，然后也纷纷去买苹果手机。

通过上面的例子，可以看出：无论是手机，还是别的商品，打造品牌是关键。有了"声名显赫"的品牌，做社群营销是很简单的事情。

维护核心粉丝群

对于能量不足的运营者来说，在社群运营的初期应该建立核心粉丝群。这种群的特点就是氛围很放松、规矩不多、没有太多的条条框框，人们可以在这个群里畅所欲言，相互认识、相互了解。

粉丝群运营一段时间之后，运营者就可以深入地了解目标人群，熟悉大家聊天时的语气、表情，形成群体沟通的亚文化。

不同的人、不同的社区、不同的产品，形成的亚文化不同，这种亚文化需要通过发掘有一定运营能力的群内小伙伴去复制。

一个运营者往往无法有效管理社群，需要维护核心粉丝群，在核心群中找到可以帮助自己运营的伙伴。

做社群运营，若在初期没有维护核心粉丝群，直接建设大群，那么就会出现各种管理上的问题，因此维护核心粉丝群很重要。核心群的维护可以采用准入制，设置一个进入门槛，这样可以保障核心群的成员质量。

延长群的生命周期

以QQ群、微信群为例，一般来说，少于30人不成群，超过80人就会很热闹，若超过500人就显得有些乱。

在网络时代，兴趣相投的人会聚集在一起相互交流。可以说，QQ群、微信群等是为了满足人们想要相互沟通的需求而建立的。

一般来说，很多群都是由于六种需求而建立的。

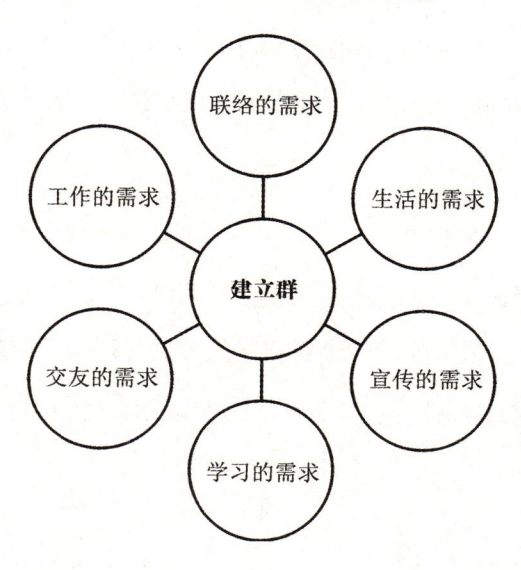

```
           联络的需求
      工作的需求    生活的需求
           建立群
      交友的需求    宣传的需求
           学习的需求
```

1. 销售产品、服务已有客户或潜在客户

一个人开了一个火锅店，他请一些朋友到店里免费品尝。这些朋友感觉味道不错，然后就把这家火锅店推荐给其他朋友。

后来，店主建了一个微信群，把很多朋友拉进微信群里，一周更新一次火锅店的信息。这种群的建立就是出于宣传火锅店的需求。

2. 形成自己的人脉圈

一个人建立了一个QQ群，然后把一些和自己有相同兴趣的人拉进群里，这样就形成了一个人脉圈。

群主建立这个QQ群是出于交友的需求，而维护这个群是为了维系自己的人脉圈，在群内与很多志趣相投的人沟通，逐步在圈子里形成自己的影响力。

3. 学习、分享

有人建立群，是为了一起学习和分享。如今，很多学生都会建立QQ群、微信群，遇到问题时可以在群里相互交流、分享。建立这样的群，就是出于学习的需求。

4. 打造自己的品牌

有些淘宝店店主、微店店主想通过建立群的方式构建品牌影响力。网络的力量是不可估量的，一个群成员的力量可以被无限放大。

群主可以通过激励、分享干货、组织活动来提升品牌影响力，从而获得商业回报。

5. 企业内部建立QQ群

企业的一些部门会建立QQ群，员工可以在群内进行沟通，商量工作细节。有时候，某个员工不在工位上的时候，也可以与同事进行交流，完成工作。

6. 日常生活的交流圈子

日常生活中的很多话题都可以在社群里相互交流，例如：吃什么蔬菜可以补充维生素C、按哪个穴位可以治头疼、做什么运动治疗颈椎病，以及衣服搭配技巧等等。

从建立群的需求来分析，要想延长一个群的生命周期，就要不断满足群成员的个人需求，让所有群成员都有动力继续参与群内交流。

当群成员通过群满足了个人需求之后，就会主动在群内分享一些有用的信息，这样，群就可以延长生命周期。

对于销售人员来说，有圈子才有生意，因此延长群的生命周期很重要。

铸就良好的口碑

在传统商业营销中,商家注重吸引大众的眼睛。如今,商家的思路发生了变化。在当今社会,在一个社群中,商家要把注意力放在消费者的嘴巴上,让消费者去传播企业的品牌,通过谈论、交流的方式,让更多人了解企业的品牌。

在传统商业模式中,商家都明白"客户是上帝"的道理。在当今市场中,和客户建立感情才是关键。

现在的很多产品,更新换代的速度很快。例如:做网站视频的,就要及时更新网站上的内容;生产洗发水的,过几个月就可能会换新的包装。让老客户接受新产品的同时,可以加强口碑营销,让老客户帮忙宣传新产品。

可以说,在互联网时代,口碑决定着一个品牌的生死存亡。在这个时代,每个普通人都是信息的节点,口碑的传播就像滚雪球一样,越滚越大。

1. 让客户用嘴巴传播品牌

让商品占据客户的眼睛,打响商品知名度,让客户用嘴巴去传播品牌,这是企业社群运营的关键所在。

随着市场的发展,商业竞争日益激烈,消费者购买商品越来越注重品牌。商家可以打动一部分消费者的心,让这些人成为品牌的忠诚用户,然后通过信息传播机制,激励他们将品牌的评价传播出去。

小米发行手机时,已经通过MIUI系统积累了50万的忠诚用户,而这50万的忠诚用户是通过早期100名发烧友志愿者发展起来的。如今,小米的"米粉"群体达到了数千万。

通过小米的例子,可以看出,对于一个品牌而言,最初的忠诚用户就是早期的消费社群领袖。这些用户也被称为品牌的种子用户,通过这些种子用户,还可以挖掘出许多潜在消费群体。

企业应该让消费者自觉对品牌进行讨论和传播,先培养消费者的忠诚度,再打造品牌的知名度。要知道,知名度是在忠诚度的基础上形成的。有了大批忠诚用户,才容易建立正面的品牌形象。

2. 双向交流才有效

在互联网时代,单向交流是行不通的。企业需要及时与粉丝进行双向沟通,这样才能有长远的发展。

在传统营销中,单向的信息传输注定会失败,因为单向交流意味着企业无法获得忠诚用户。

在社群营销中,忠诚用户对于企业来说至关重要,忠诚用户会主动为企业宣传品牌。例如:小米的粉丝愿意帮助寻找小米之家的选址,为小米的同城活动献计献策等。

小米粉丝曾做过这样的事情:小米曾经想在珠三角举办同城会,但是由于天气原因,航班延误了,这导致小米的工作人员无法按时赶到现场布置场地。通过电话沟通,当地的多名米粉自愿帮忙,连夜布置了会场。最终，小米同城会如期举行。

通过小米的这个事例，可以看出，米粉不仅仅是小米产品的使用者，还是小米这个大家庭的一员。对于米粉而言，小米的事情就是他们的事情。其实，这就是社群营销的核心所在，通过社群的力量积累资源。

在互联网时代，企业与消费者处于一个社群中。与消费者进行双向交流，占领消费者的心灵，才能让他们自愿为企业品牌助威，从而铸就良好的口碑。

倾听消费者的声音

消费者从实体店买了一件商品,发现商品有问题,然后就可以去店里找销售人员理论。然而,实体店的销售人员并不一定会给消费者满意的答案。

如今,消费者可以在京东、淘宝、亚马逊、当当等平台购买商品,可以在商家店铺下面进行评价。消费者的评价会被别人看到,这种评价会对潜在顾客的购买行为产生影响。

一个人的声音不大,但是,若一个人的声音对成千上万的人产生影响,商家就会重视。

网络社群的形成,改变了人们购买产品和互动的方式。在网络社群中,任何一个声音都会影响到整个社群。

在打造品牌、开拓市场等一系列商业活动中,都应聆听消费者的声音。只有仔细聆听,商家才能和消费者融为一体,打造产品社群,为产品的发展共同努力。

在上世纪80年代,戴尔电脑起家的时候,并不是按照公司的设计直接把电脑组装好，而是按照顾客的意愿来"定制"。虽然各个零配件的规格、参数都是已经设计好的，但是却给消费者提供了一定的选择空间。然而，就是这一点点的选择空间，使戴尔电脑走向了成功之路。

通过戴尔的例子，可以看出，聆听并尊重消费者的意愿，是企业长远发展的关键所在。既然商品是要卖给消费者的，那么就应接纳消费者提出的要求。

消费者的声音是最真实的，他们会通过网络平台说出自己的诉求。企业应该充分意识到这点，拥有足够的耐心，听一听广大消费者的声音。

从交流中发现兴奋点

长期以来，很多营销活动都把"优惠""折扣价"作为重点。对此，消费者早已看透，甚至会把优惠促销价看作是正常的商品售价。

一部韩剧《来自星星的你》的热播，使"炸鸡啤酒"走红，成为了爆款美食。江苏电信营业厅借助了该部电视剧的人气，推出了"爱她就送她炸鸡啤酒"的营销活动，消费者只要购买了三星手机，三星就会送上炸鸡和啤酒作为赠品。

由于《来自星星的你》剧中的男女主角用的都是三星手机，所以江苏电信营业厅的这次营销活动设计得恰到好处。许多网友对该活动点赞，认为这次的活动十分有创意。

其实，炸鸡和啤酒本身并不是很值钱，但是在特定的事件和环境中，炸鸡和啤酒被赋予了特殊的意义。炸鸡和啤酒并非是消费者购买三星手机的直接原因，但是由于《来自星星的你》的热播，这次营销活动成功地利用了消费者的兴奋点，从而成功提升了三星手机的关注度，使活动更加有创意。

在社群营销中，通过在网络平台与用户的交流，营销人员可以顺利地找到用户的兴奋点。

比如营销人员可以了解一下当下流行的活动、用户喜欢看的电视剧，从中找出用户的兴奋点。企业可以借助电视剧中的道具、台词等作为产品宣传的工具。

总而言之，找到用户的兴奋点之后，可以通过开展活动的方式来推广产品，调动用户参与活动的热情。

让消费者获得参与感

从产品的品牌设计、生产到出售，让消费者参与整个过程，他们就会获得参与感。若消费者对于一个品牌有着不一般的感情，那么这种品牌就会形成强大的品牌势能，这样企业就可以积累无限财富。

品牌不仅仅是一个称号，它代表着企业在市场中的地位和实力。一个品牌，只有被市场认可了，它才能够存活下去。

决定品牌在公众面前呈现势能的三个因素包括：主体势能、媒体势能以及公众再传播。在这三个因素中，"公众再传播"是最重要的因素。

决定"公众再传播"力量的是参与感。若一个品牌可以让消费者获得参与感，那么消费者就会忠诚于该品牌，从而自愿做品牌的代言人。

其实，社群营销就是积累大量忠诚用户的过程。那么，企业该如何积累忠诚用户呢？首先，要让用户获得参与感。

在过去，企业通过报纸、杂志、收音机以及电视等媒介进行营销，这种营销属于广告式的，消费者只能被动地接受，但是却不能与企业进行对话，这就使消费者缺乏一种参与感。若消费者可以参与企业的营销过程，获得参与感，就会忠诚于企业的品牌。

在小米产品的开发过程中，有很多用户都参与其中，为小米出谋划策。对于小米而言，这些用户的价值，并不在于他们帮助小米开发了优秀的产品。而在于他们成为了小米的忠诚用户，对小米产生了一种情怀。

通过小米的案例，可以看出，强大的品牌势能源于消费者对于品牌的情怀，而这种情怀又来源于参与感，所以企业一定要注重让消费者获得参与感。

第 11 章　社群营销经典案例

罗辑思维、小米等的成功是建立在社群营销的基础之上。可见，在这个互联网高速发展的时代，社群营销已经成为营销的利器。社群营销的成功典范，值得互联网营销人员学习和借鉴。

影响力最大的知识社群——罗辑思维

■ **罗辑思维——与众不同的思维**

2012年12月21日,资深媒体人、央视《对话》栏目前制片人罗振宇与独立新媒创始人申音联合打造的知识型视频脱口秀"罗辑思维"正式在优酷网上线播出。与此同时,在同一天,该节目的同名微信公众号开通。

从上线至今,罗辑思维积累了大量铁杆粉丝,由一款互联网自媒体视频产品逐步成长为当前影响力最大的互联网知识社群之一。罗辑思维成功的原因值得人们探讨。

1. 脱颖而出的魅力

罗辑思维的脱颖而出展现出知识的魅力、理性的力量。作为一档独特的知识性自媒体脱口秀节目,罗辑思维开创了服务高雅精英、传播现代理念的先河。与充盈着人文情怀的"晓说"相比,罗辑思维细分受众为知识分子中的志同道合者，在节目中不以娱乐猎奇为卖点，更注重发掘主题蕴含的理性力量和价值判断。

2. 与众不同的选题

在节目选题上，罗辑思维的落脚点是强烈的理想启蒙和现实关怀。罗辑思维的节目涵盖了政治、经济、历史、社会、民生以及互联网等众多领域。罗辑思维的第30期节目"和你赛跑的不是人"生动地表达了对互联网的见解，第38期节目"一个公务员的海市蜃楼"讲的是社会问题，而第103期节目"疯狂的投资"则涉及到了经济问题。

3. 节目具有趣味性

为了提高节目的趣味性，罗振宇会使用一些诙谐的语言，自嘲性的调侃话语加上丰富的面部表情，给人一种轻松愉悦之感。无论是对于历史人物的非常规解读，还是对于各种社会现象的透析、公共事件的剖析，节目都体现出了独立思考、理性批判的精神。

4. 精准定位

罗辑思维有着精准定位、品牌经营的分众传播理念。罗辑思维与《晓说》节目联姻，打造出精品视频栏目。

一些视频节目的产生和发展，反映出中国文化发展呈现出大众文化、主流文化和精英文化相互融合的态势。在大形势下，一档节目不仅要有明确的受众定位，还应该细分受众，以小众带动实现口碑传播。

而罗辑思维的成功，正是由于它从创办之初就实行了"分众传播"的发展理念，明确了目标受众群。

5. 罗辑思维的口号

罗辑思维的口号是：有种、有趣、有料。节目的风格也的确如此，体现出节目的魅力，而这正是它吸引人的原因。

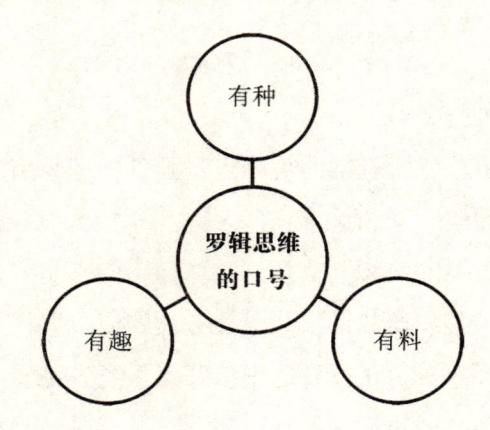

```
        有种
         |
     罗辑思维
      的口号
     /      \
   有趣      有料
```

- **罗振宇"死磕到底"的精神**

罗振宇以"死磕到底"的精神打造了一系列高品质节目，通过富有魅力的讲述，传达了现代人对知识、自由、独立以及未来的向往。

如今，罗辑思维不单单是一个脱口秀、一个自媒体，还是一个有灵魂的知识社群。共同价值追求的精神纽带是它从众多节目中脱颖而出的根本原因。

并不是每个企业家、创业者都拥有"死磕到底"的精神，而罗振宇却有。正因为有了这样一种精神，逻辑思维才能制作出精彩的视频节目，他的精神值得很多人学习。

- **罗辑思维成功的要素**

1. 节目采取娱乐的玩法

罗振宇团队中的每个人都是讲故事的高手，他们了解当今这个社会缺少简短而具备话题属性的内容。由于工作、生活等各方面的压力，如今大部分的中国人都很压抑，人们需要通过有趣、有料、有种的故事来放松。因此所有的节目选题都会尽量轻松化，充分满足受众的心理需求。

2. 给屌丝提供社交机会

在罗辑思维的用户当中，屌丝比较多，这些人缺少身份认同感和社交满足感。而罗辑思维通过社群给这些人提供了社交机会，满足了他们的需求。

3. 打破了公司边界

罗辑思维的管理很有特点。在整个团队中，除了创始人之外，没有层级；除了财务之外，没有部门；除了技术之外，没有年终奖。

很多公司的管理都显得有些压抑，从营销传播的角度来说，罗辑思维打破了公司边界，这正是大量粉丝对罗辑思维产生亲切感的原因。

4. 拥有超级主播

目前来看，罗辑思维最大的成功在于打造了以罗振宇为核心的超级主播。有了这样的主播，罗辑思维收获了很多粉丝，在优酷上的视频点播率也很高。

5. 社群用户分级

罗辑思维把会员分散到若干社群里，通过组织的互动来影响更多人，从而塑造罗辑思维的品牌。

手机领域的一匹黑马——小米

■ 聚集发烧友

小米的快速崛起离不开社群营销，在前文中已经提过小米两次引爆QQ空间的例子，这里还要再继续说说小米。

小米公司成立于2010年4月，这是一家致力于高端智能手机自主研发的移动互联网公司，在手机领域有着一定的影响力。

2010年年底，小米推出手机实名社区米聊。在推出的半年内，注册用户突破300万人。通过微博、微信以及论坛等社会化营销模式，小米凝聚了粉丝的力量，在短时间内把小米打造成了一个知名度较高的品牌。

小米的品牌宣言很有意思，那就是"为发烧而生"，也就是用发烧友的品质来要求产品。小米制造出来的产品就是要让消费者尖叫，聚拢发烧友。

小米用了一年的时间做MIUI手机系统，这是在安卓系统上的第二次开发。需要注意的是，MIUI系统是小米这个企业每周与用户进行沟通的系统。根据用户需求，小米与用户共同研发了MIUI这种手机系统。

小米与用户进行交流，采纳用户的创意，完善MIUI系统，使用户对MIUI产生了感情。基于小米的软件以及小米与用户建立的感情，在2011年8月16日，"小米1"发布了。"小米1"问世之后，获得了50万的粉丝支持。

曾经有用户向小米提议生产手机，还说出"你出手机，我就买"的话，这给了小米制造手机的勇气。小米生产"小米1"的成功，基于聚集的用户和社群的粉丝。

正是因为聚拢了一批发烧友，所以小米手机的生态圈不断扩大，小米品牌得以过渡到其他产品，小米活塞耳机、小米盒子等周边产品逐渐丰富起来。

从2011年起，"米粉"成为小米公司产品喜爱者的代名词。有了发烧友的基础，小米逐渐形成了米粉文化，包括同城会、米粉节、爆米花奖等。很多米粉因小米手机而结缘，紧密地联系在一起。

总而言之，小米的成功是建立在社群的基础之上。可见，在这个互联网高速发展的时代，社群营销已经成为营销的利器。

小米建立社群使用了以下三个步骤：

定位核心人群 → 社群O2O运营 → 通过互动让用户获得参与感

■ 小米的粉丝聚集地

小米对于粉丝聚集平台有着精准的认识。初期，小米粉丝的主要聚集地是论坛。在论坛上面，米粉参与调研、产品开发、测试、传播、营销等多个环节。多种活动使米粉获得了荣誉感和成就感。

后来，小米逐步使微博、微信等平台成为粉丝的聚集地和增殖地。

通过微信客服平台，小米的领导和员工都可以与粉丝进行对话。

如今，对于小米来说，论坛适合沉淀、保持已有用户的活跃度。

■ **核心粉丝**

为了寻找属于自己的忠实粉丝，小米在手机论坛上征集了1000个人，把他们拉进小米的论坛中，要求他们把自己的手机系统刷成小米的MIUI系统，完成刷机工作。

对于手机用户来说，刷机存在着一定的风险，手机很容易出现无法开机的情况。尽管如此，仍然有100个人愿意将自己的手机操作系统刷成小米的MIUI操作系统，因此这100个人成为了小米的第一批天使用户，他们的名字都出现在了第一版小米手机的开机页面上。另外，在小米三周年时，还专门为这100个天使用户拍摄了一部微电影。

可以说，这100个天使用户是小米社群的起点，这100个人对小米的忠诚度是不容置疑的，因此这100个人是小米的核心粉丝。

■ **社群O2O营销**

这里所指的社群O2O是指在做社群运营时要做到线上与线下相结合，二者可以同时进行。小米在线上有一个小米论坛，人们可以在小米论坛中讨论关于小米的一切，小米第一批的50万用户均是在论坛中积累而成的。

小米社区有一篇帖子，即"80万台！12小时！红米Note创首卖新纪录"的帖子，有七十多万人浏览该帖子，有三万多人评论。由此可见，在小米社区中，每天的人流量很大。

通过下图可以看出，小米社区受到了许多人的关注。

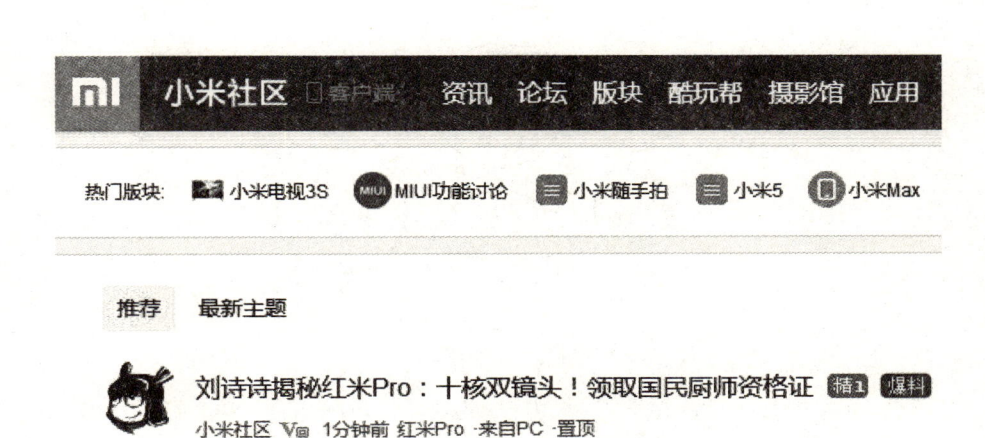

小米曾在线下举办了"同城会",将一个城市的"米粉"聚集在一起。小米与"米粉"一起进行活动,包括公益活动、大型户外活动等。通过这些活动,可以有效地调动"米粉"的情绪。

除了小米"同城会"之外,小米还会为用户举办年度庆典"米粉节"。在"米粉节"活动中,小米的合伙人会亲自参与其中,与"米粉"互动,从而增强小米与粉丝的感情。

■ 小米的理论

小米的理论主要有口碑、专注、极致、快速和参与感,如下图所示。

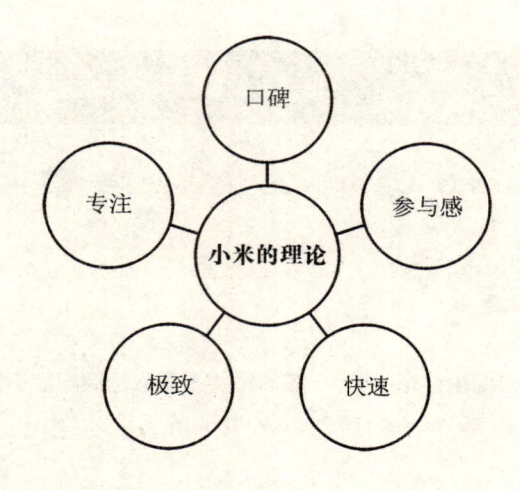

```
           口碑
      ┌─────────┐
  专注─│ 小米的理论 │─参与感
      └─────────┘
      极致        快速
```

1. 口碑

小米注重口碑营销，但是却和传统意义上的口碑营销不太一样。传统的口碑营销，目的是拉回头客。而小米的口碑营销则是制造一种新闻效应，通过这种新闻效应和权威动能去促进客户进行购买决策。或者说小米的口碑营销就是刺激消费者出钱购买商品。

2. 专注

小米核心产品是手机，但是它也切入了包括空气净化器在内的很多领域。这样来看，小米是否专注呢？对于企业家来说，一般不会在这么量化的概念上纠结。"专注"是没有固定的一个定义的，它的定义是人们赋予的。

小米专注于社群营造的品牌，在社群中为产品建立城墙，最大限度地释放品牌的势能。小米主要专注于社群价值的挖掘，产品涉及的领域不是重点。

3. 极致

从极致的角度来看，小米有着"神化价值观"以及"媒体化传播"

这两个特质，这两者均是中国企业的顶峰。小米的极致，是与众不同的，是创新的。

4. 快速

就小米来说，它的各方面都达到了"快速"的标准，产品发布的速度、业绩发展的速度都是很快的。另外，向竞争对手学习的速度也很快。

5. 参与感

小米把用户当成朋友，主动拉近与用户之间的距离。小米重视用户体验，尊重用户。无论是互动活动，还是新品发布，小米都会让用户参与进来，以便提升用户的参与感。

小米的理论中，需要重点一提的是"参与感"。在小米的观念当中，参与感就等于销售。在小米论坛中，有几十万的发烧友粉丝参与了小米MIUI手机操作系统的开发和改进。据悉，参与MIUI测试的粉丝有10万。作为测试员的用户，还成为了小米手机的销售渠道。

对于小米而言，销售就等于参与感。小米有着这样的定位：将许多人的智慧聚集在一起，让这些人参与小米手机的开发和设计，当这些人获得了荣誉感，就会有推销小米手机的动力。

小米的参与感主要体现在以下两个方面：

- **产品上的参与**：通过小米和用户的互动，做好产品。让用户参与产品的开发和设计
- **营销上的参与**：小米依靠用户的口碑来做营销，让用户参与到小米手机的销售中

社群营销大咖——星巴克

很多人都喝过星巴克,星巴克的咖啡味道确实香醇。互联网时代,在社群营销这方面,星巴克做得可谓炉火纯青。

如今,在Twitter、Instagram、Google、Facebook等平台上,均可以看到星巴克的踪影。可见,星巴克在营销方面下足了功夫。

星巴克的社群营销玩法较多,下面简单介绍几种。

1. 借助Facebook和Twitter推广新产品

为了促销黄金烘焙豆咖啡,星巴克推出了Facebook APP,客户能从中了解新品资讯、优惠福利等。另外,星巴克还在Twitter上展开宣传,通过文章引流。

2. 运用贴合热点的广告和主题标签

在美国遭遇Nemo大风雪的时候,星巴克借机在Twitter上打出了"在寒冬中握着热咖啡"的广告,还利用#Nemo和#blizzard等标签贴合顾客的生活。

3. 与Foursquare合作推出慈善活动

星巴克曾与Foursquare合作,推出了抗艾滋慈善活动。顾客到星巴克消费的时候,在Foursquare上打卡,星巴克就会捐出1美元。

万能的大熊——大熊会

2012年,著名自媒体人、万能的大熊(本名宗宁)组建了"万能的大熊群"。起初,这个群的职责就是方便电商交流。

从2013年起,万能的大熊开始涉足微博和微信领域。借助微信赋予的红利,万能的大熊在2013年中旬就开始尝试"朋友圈营销"方面的培训。

到2014年,越来越多的人开始重视微商,由于万能的大熊产出了大量高质量文章,所以获得了众多粉丝。

2015年,万能的大熊开始将收费群更名为"大熊会",主要目的是把优秀的微商聚集在一起。在大熊会的基础上,万能的大熊还成立了"大熊会名人堂"。大熊会帮助更多人通过微信、微博等工具打造自己的品牌和产品,实现最低成本创业。

"大熊会"从成立之初就奠定了微商人士聚集的基础,来到这个圈子的人都有一个"同好",那就是挣更多的钱。

1. 大熊会的结构

大熊会的主要平台是QQ群、微信群,大熊的线上培训和分享常用的是YY。

在成员结构这方面，大熊会不接受太多小白入会，几乎不在微信、微博上面直接招募会员，基本上也没有公开的入会入口。大熊会的会员大多为慕名而来，也有一些人是通过介绍而来的。

只要交钱就能进大熊会，而"大熊会名人堂"有着一定的准入标准。大熊会名人堂是一个更加精准的社群，它是大熊会的核心组织。大熊会名人堂的群内经常交流分享一些业界信息，还会组织会员做一些商业上的尝试，久而久之，这个社群就成为了许多微商从业者的"天堂"，或者说是一个可以挣钱的平台。

在大熊会和大熊会名人堂中，万能的大熊都是以核心人员的身份出现的。平日里，有专门的管理人员来运营社群，群内并没有什么特殊的群规，氛围比较轻松。

大熊会里面的人员有些混杂，有些人交钱以后根本不听课，有些人来到这个社群只是为了挖人的。因此，对于管理人员来说，管理这个社群有一定的难度。

由于大熊会名人堂的准入条件较高，因此群员之间相当熟悉，群员会相互交流行业经验，进行资源互换。

2. 大熊会的输出

大熊会的核心人物是万能的大熊，他每天会推送原创文章，内容都是干货。另外，万能的大熊会定期组织群内培训，还为喜欢营销的朋友建立交流平台。

大熊会群员的输出需要经历一个过程。2015年，万能的大熊组建了有着一定资本的团队，成立了几家公司，采用交叉持股的方式，使大家可以一起做渠道营销，这样就在一定程度上提升了公司的运营效率。

3. 大熊会的运营

为了保持组织的活跃度,大熊会每年都会解散老社群,然后重新接纳新的社群人员。对于那些不符合组织价值观的会员,一律退费踢出,这样做的目的是保证组织运营的可控性。

小朋友喜欢的凯叔——凯叔讲故事

下面要介绍一下有关"凯叔"的社群营销案例。

王凯，2001年毕业于中国传媒大学播音主持艺术学院。

从学校毕业之后，王凯一直从事配音工作。很多人都看过著名电影《变形金刚》，电影中"擎天柱"的配音者就是王凯。在做配音的同时，王凯还做主持人，曾主持央视的《财富故事会》。

2013年3月，王凯从央视辞职。同年7月，王凯发布了《凯子曰》，由此正式踏入自媒体脱口秀的行列。

王凯有两个孩子，在孩子小的时候，他会给他们讲故事。他每天讲的故事都不一样，每天不只讲一个故事。因此，王凯从网上买了许多故事绘本，他读了大量绘本。通过讲故事，王凯了解到小孩子喜欢的故事题材，他学会了用语言使孩子的注意力跟着故事情节推进。

在给孩子讲故事这件事情上，王凯可谓尽心尽力。如果他要出差，那么就会把故事录下来，让妻子放给孩子听。后来，故事被放在幼儿园家长群里，深受大家的欢迎。

王凯讲的故事还被放在微博里，每个故事的转发率都很高。王凯的亲人、朋友也喜欢他讲的故事，向他索要。后来，王凯意识到一个问题，很多人都有听故事的需求，于是他开通了一个微信公众号，叫"凯叔讲故事"，通过这个平台专门给孩子讲睡前故事。

王凯还在社群的基础上打造了很多产品，包括《凯叔西游记》《失控圣诞节》《失控儿童节》等。

孩子喜欢上一个人讲的故事之后，就难以接受别人讲的故事了。王凯讲的故事深入人心，因此"凯叔讲故事"成为中国最知名的互联网亲子社群之一。

在社群营销这方面，"凯叔讲故事"是一个成功的例子，值得很多想要做社群营销的人借鉴。首先，王凯抓住了小孩子和家长的心理。其次，他没有错过微信平台这个广阔的空间。最重要的一点是，他讲的故事确实动人，故事就是产品，而产品是高质量的。

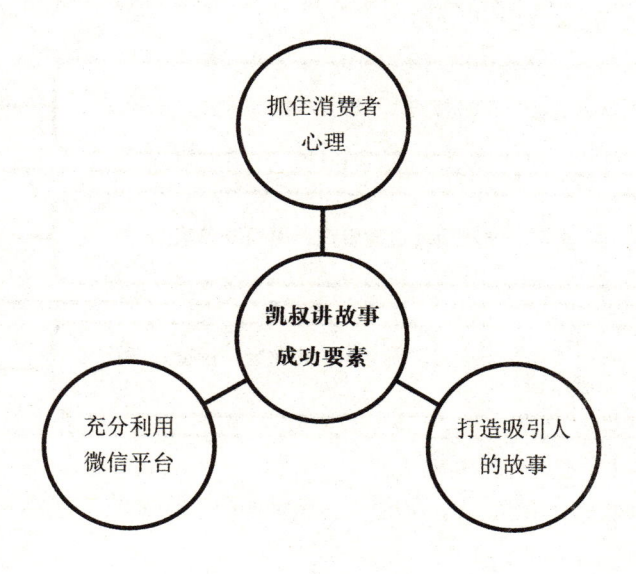

90号茶室——卤粉汇

90号茶室从博客时代走进了微信时代，一路走来，可谓与时俱进。90号茶室对价值、内容、人群的定位都十分精准，恰到好处。

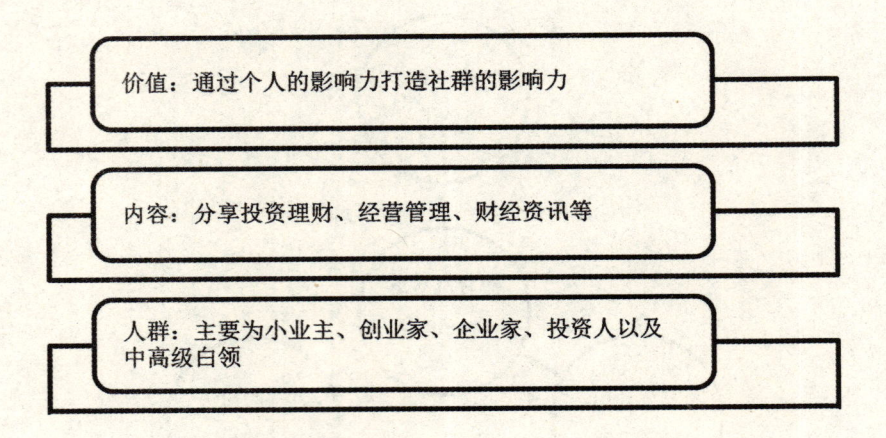

- 价值：通过个人的影响力打造社群的影响力
- 内容：分享投资理财、经营管理、财经资讯等
- 人群：主要为小业主、创业家、企业家、投资人以及中高级白领

有了精准的人群定位，90号茶室聚拢了一批粉丝，还给粉丝起了有意思的名字，叫"卤粉汇"。

卤粉汇是90号茶室微信公众号的读者交流组织，以企业管理人员、创业者、企业经营者、小业主、专业人士为主，采用实名登记的方式，免费加入。粉丝们围绕分享、人脉、商机三大主题开展交流活动。

到目前为止，卤粉汇已经开展了各种形式的交流活动，多达几百场，实名登记的会员多达几万名。

为什么说90号茶室独具一格呢？90号茶室给自己定位明确，把自己看成一个平台，利用平台为粉丝谋取资源和价值。

90号茶室的显著特点

特点	详情
数据清晰	90号茶室的后台有监控，因此运营的过程一目了然
成本低、效率高	90号茶室的市场推广费用低，运作流程快捷方便，效率极高
多媒体组合	90号茶室采用多媒体组合的形式，将文字、图片、声音等组合在一起，内容短小精悍
线下推广	90号茶室的粉丝们除了在线上进行互动，在线下互动的推广威力很强大，遍布全国各地的卤粉汇会进行线下的互动

90号茶室开通了微信公众号，那么，它是如何运营微信平台的呢？90号茶室强调移动互联网的威力，将微信粉丝、线下茶馆和书籍电商售卖结合起来。

90号茶室可以获得大量的粉丝，主要是由于它有着定位准确的内容。每天早晨，90号茶室会推送内容，在几百篇文章中精挑细选，选出财经资讯、经营管理的好文章推送。90号茶室每年无偿分享数万篇前沿财经管理、商业模式等文章。对于关注公众号的用户来说，不用在许多网站上浏览，通过一个微信公众号就可以阅读许多资讯，既节省时间，又可以学习一些知识。

为什么叫90号茶室呢？90号茶室的创始人之前就开着一家茶馆，后来，他利用线上的影响力，又发展了很多线下的茶馆，作为加盟商线下交流的场地。目前，90号茶室的创始人在全国已经开了几十家茶馆。这些线下茶馆可以为客户提供绿色、环保、优质的茶水和茶叶。

除了实体茶馆之外，90号茶室还开通了微店，通过微店销售各种书籍。

可见，90号茶室充分利用了社群的力量，在推送文章之余，还通过开茶馆、出售书籍获得更多红利，这就是社群营销的魅力所在。

我是江小白，生活很简单

在中国，大部分的白酒都是通过传统渠道销售的。然而，"江小白"却从人群定位、O2O营销上面实现了传统行业的互联网逆袭。

江小白是江记酒庄推出的一款清香型小曲酒，产品面向新青年群体。江小白主张简单、纯粹的生活态度。

在当今社会，很多人都被房子、车子和票子弄得很压抑，迷失了内心的简单追求。江小白的口感是自然、简单的，宣扬的文化是简单、纯粹的，很多年轻人都喜欢这种品位。

江小白是一个典型的全渠道营销案例，接下来仔细剖析一下它是如何在当今这个时代中存活下来的。

2013年，中国白酒行业进入了"冬天"。然而，江小白却在不乐观的大趋势下崛起，获得5000万元人民币的销售额。从成立公司到打响品牌，江小白只用了一年时间。

在很多白酒品牌销售额不理想的时候，江小白却脱颖而出。江小白是如何成功的呢？可以从以下几方面来分析。

■ **江小白自我介绍**

  姓名：江小白

  家族：江津老白干

  性别：男

  外观：英俊

  原料：水、高粱

  生产日期：出生那天

  保质期：永久

  功能：增加勇气，提高自信心十分有效

  性格特征：简单，好色

  优点：便于携带，拿得出手

  缺点：魅力太大，能瞬间秒杀

■ **江小白定位80后、90后年轻人群**

  在这个文化多元的时代，白酒行业那种传统的销售方式已经不适用了。现在喜欢喝白酒的多为老年人，年轻人比较喜欢喝红酒、啤酒。但是，80后、90后是当今社会的主流，已经崛起，在日常生活和商务场合中，年轻人也会喝白酒。江小白的创始人陶石泉意识到，白酒品牌的年轻化和时尚化是一个值得尝试的方向。于是，定位于年轻人的青春小酒品牌"江小白"面世了。

■ 江小白是一种有态度、有情绪的白酒

既然江小白是面向80后、90后年轻人群的一款白酒，那么它就要与80后、90后的特征相符。

有人感觉80后、90后的人比较自私，有人感觉他们个性十足。其实，80后、90后的总体特征就是有情绪、有态度。无论是在穿衣打扮方面，还是在言行举止方面，他们都给人一种很特别的感觉。江小白就很独特，让人容易记住。

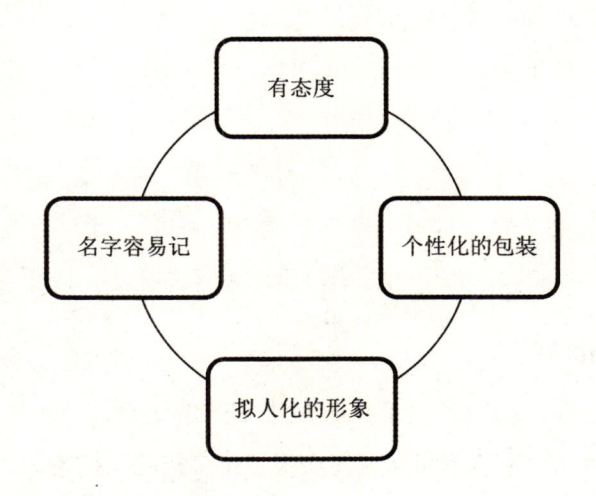

```
          ┌───────┐
          │ 有态度 │
          └───────┘
     ┌────────┐      ┌──────────┐
     │名字容易记│      │个性化的包装│
     └────────┘      └──────────┘
          ┌──────────┐
          │ 拟人化的形象 │
          └──────────┘
```

1. 品牌有态度

创始人陶石泉根据80后、90后的特征提出了"我是江小白，生活很简单"的品牌理念。"江小白"听起来、看上去都像是一个人的名字，事实上它是一款白酒的名字。江小白代表着青春而简单的个性，有着强烈的个性表达。陶石泉希望"我是江小白，生活很简单"的理念可以成为每个人的生活态度。

2. 名字容易让人记住

"江小白"这个名字很容易让人记住，给人一种小清新的感觉。其实，"江小白"的品牌名称来源于青春影视剧的启发。如今，很多青春影视剧的剧中人物都有一个"小"字，例如：《爱情公寓》中的男主人公叫"曾小贤"，《男人帮》中有个"顾小白"。以"江小白"来为白酒命名，简单而又亲切。

3. 拟人化的形象

既然给白酒起了一个清新、文艺的名字，那么自然要给"江小白"赋予一个人物形象。江小白的形象是这样的：有着一张大众脸，戴着一副无镜片的黑框眼镜，还系着一条英伦风格的黑白格子围巾，身穿休闲西装。

江小白被赋予了帅气的小男生卡通形象，完全颠覆了传统白酒传统、稳重的形象，他很时尚、青春、简单、快乐，还有点儿文艺范儿。卡通人物身上有80后、90后的影子，所以更容易被他们接受。

4. 个性化的包装

在"江小白"的瓶子上都印着短小精悍的语录，这种个性化的品牌包装独一无二，文字简单而幽默，获得了很多年轻人的青睐。

■ 江小白把简单做到了极致

做一件简单的事情很容易，坚持去做一件简单的事情就不容易，而江小白的团队却做到了，江小白这个品牌把简单做到了极致。

那么，江小白的团队是怎么把简单做到极致的呢？可以从以下几点来分析。

1. 简单的包装

在以前，许多酒类的包装都很复杂，要包装得奢华、典雅，给人一种高贵之感，就算比较简单的包装，也会加个盒子。华丽的包装确实能吸引人的眼球，但是包装费却不低，而这些费用最后会分摊在消费者的账单上。

江小白真的是与众不同，采用玻璃磨砂瓶，采用"简装版"光瓶设计，无外盒，把成本控制在10%，直接裸瓶销售。如此简单的包装设计，给人一种简单大方的感觉。对于消费者来说，可以省去包装费，还能喝到香醇的酒。

2. 简单的产品线

一般来说，企业经营一个品牌有着很长的产品线。而江小白只有一种单品，分为三种容量规格。若要比单品销量，江小白不会输给那些大型的白酒企业。

3. 简单的推广

就传统的酒类企业来说，在广告上面的投资费用从来都是大头，电视、报纸、楼宇、公交等多种形式的广告推广，都要一定的花费。而江小白则只注重社群营销，大大降低了广告费用。

■ 江小白的O2O营销模式

江小白很少在主流媒体做广告，主要通过论坛、微博、微信等网络营销工具来打造品牌，采用线上、线下相结合的O2O营销方式来推广产品。

1. 打造好看的内容

江小白把有意思的内容与产品联系起来,通过网络平台发布一些年轻人喜欢的段子。在整个内容的打造过程中,江小白语录实在太有趣了,有着80后、90后喜欢的语言风格。

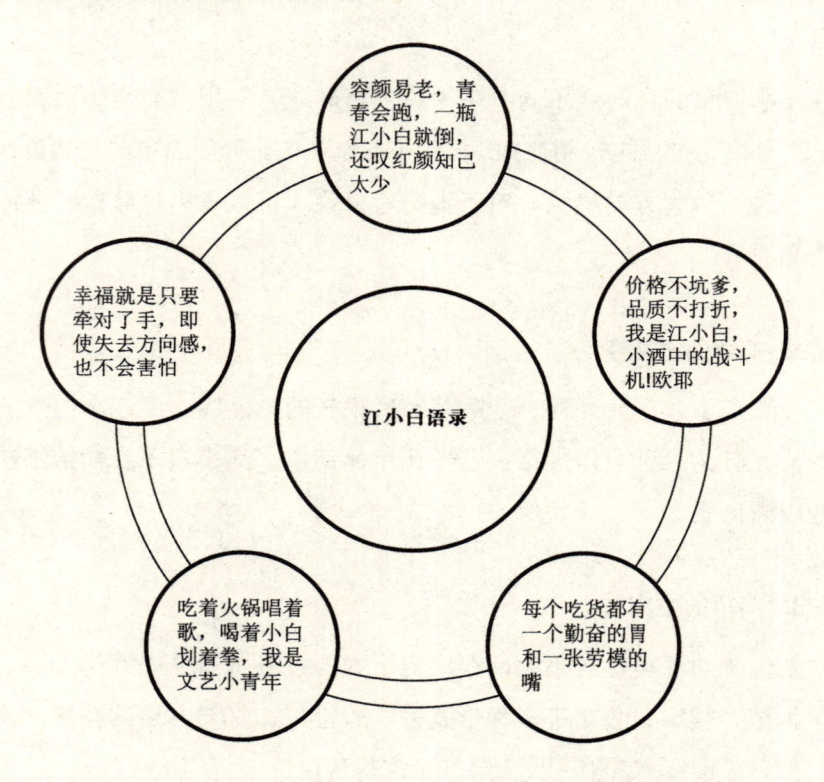

江小白语录包含以下内容:

- 容颜易老,青春会跑,一瓶江小白就倒,还叹红颜知己太少
- 价格不坑爹,品质不打折,我是江小白,小酒中的战斗机!欧耶
- 每个吃货都有一个勤奋的胃和一张劳模的嘴
- 吃着火锅唱着歌,喝着小白划着拳,我是文艺小青年
- 幸福就是只要牵对了手,即使失去方向感,也不会害怕

江小白语录使用的语言诙谐幽默,"江小白体"的字眼深受年轻人的喜爱。看了江小白的经典语录,人们可以忘却生活中的失意、痛苦,瞬间快乐起来。

2. 拟人化的品牌形象

根据江小白的品牌形象,公司把微博的运营完全拟人化。在很多热点事件出现时发声,表明态度。例如:"且行且珍惜"这句话特别流行的时候，江小白的文案中就出现过"卖酒虽易，卖萌不易，且行且珍惜"这样一句话。

3. 线上线下互动营销

江小白利用微博互动作为线上营销的利器，同时组织线下活动。江小白善于制造出能够引发粉丝主动转发的传播点，通过线上线下互动来增强粉丝的黏性。

4. 邀请消费者参与活动

江小白曾经在网上发布了一个活动，即"#遇见江小白#活动"，粉丝在任何地方看到与江小白有关的东西，只要用手机拍下来并且@我是江小白的微博，就有可能成为中奖用户。江小白经常会为消费者提供分享参与的机会。让消费者参与有趣的活动，从而有效宣传江小白这个品牌。

江小白这个白酒品牌的成功，是因为突破了传统行业的营销手段。江小白懂得审时度势，在品牌价值、用户定位、传播手段等多个方面进行创新；针对80后、90后的特征来打造品牌，独具一格；充分利用社群来营销，跟上了时代的脚步。

有意思的三只松鼠

三只松鼠，这是一个很有意思的名字。三只松鼠电子商务有限公司是中国第一家定位于纯互联网食品品牌的企业。

三只松鼠这个品牌于2012年6月19日上线，是目前中国销售规模最大的食品电商企业。

在2013年，三只松鼠的销售额突破3.26亿元，这个数据令人震惊。

在2014年的11月11日，也就是"双11"那天，三只松鼠的单日销售额就达到了1.09亿元。

那么，三只松鼠为什么那么受欢迎呢？三只松鼠的客户文化战略为用户提供了优质的互联网购物体验。三只松鼠定位于80后、90后互联网群体中快活、慢食的新生活理念追随者。由于是年轻群体，所以三只松鼠从包装、语言以及品牌名称上入手，打造了独具特色的"客户文化"。

三只松鼠独特的客户文化

- 三只松鼠的名字很有意思,而每只松鼠都有一个属于自己名字,分别为鼠小美、鼠小酷和鼠小贱。
- 三只松鼠的外包装统一为印有LOGO的袋子和箱子,还给外包装箱起了一个非常有意思的名字,即"鼠小箱"。
- 因为是网购,所以要把食品快递给客户。三只松鼠充分为消费者着想,会附赠"开箱器",这样消费者就不用为打开箱子而费力了。

三只松鼠提供的服务非常周到,可谓面面俱到。人们都渴望得到这样的服务:在吃核桃的时候,有人递过来一把钳子;在吃榛子的时候,掉了很多碎渣,这时有人递过来一个垃圾袋;在准备打开快递箱子的时候,有人递过来一个开箱器。

微小的开箱器、防潮纸袋、纸袋夹子、瓜壳回收袋、擦手湿巾,每个小工具都可以体现出三只松鼠对细节的重视。

1. 赠送超过客户期望值的物品

在互联网营销时代,超出用户期望值的互联网应用才叫体验。起初,三只松鼠在淘宝上销售,那时就会赠送超出用户期望值的物品,这些物品非常实用,也很有趣。

2. 深入人心的语言

在语言方面,三只松鼠努力地打造良好的服务。在与客户打招呼的时候,客服人员会使用有意思的语言,每个客服都有一个有趣的名字,例如:鼠小心、鼠小妖等。每个客服人员打招呼时都会以"主人"开始,这就是三只松鼠在整个服务体系中打造的"主人"文化,所有客服都是为主人服务的松鼠。

三只松鼠成功核心要素

核心要素	内容描述
"三只松鼠"这个品牌名称恰如其分地诠释了公司的产品和服务	可爱的松鼠喜欢挑选质地良好的坚果,这恰巧为品牌名称提供了思路。在大自然中,松鼠是"服务"的代名词,为家人努力地劳作。
LOGO辨识度高	三只松鼠的LOGO设计得非常可爱,80后、90后会因为可爱的LOGO而喜欢这个品牌。
电商运营	三只松鼠通过电商来运营,在与客户的沟通过程中,客服人员在线的头像是小松鼠,小松鼠尽心尽力地为主人提供服务。
独特的文化理念	在互联网营销时代,三只松鼠这个品牌通过独特的文化理念吸引了大量消费者,还将已有客户群体打造成核心粉丝群。

变装的海尔兄弟

在互联网时代,海尔作为传统企业,进行了一次组织变革,目标是将组织进行网络化。在组织进行网络化的同时,海尔建立了社群型组织。

海尔社群的核心是情感,对于企业而言,情感是与用户进行价值对接的界面,并不能和社群用户产生高黏度的衔接。要知道,情感是脆弱的,很容易被击破。海尔认识到这一点之后,就开始与粉丝进行互动,让粉丝成为参与者、生产者。让粉丝与品牌有连接,与品牌融为一体。

1. 基于活动之下的社群

海尔洗衣机曾开展了"智慧大爆炸,创神快来吧"活动,这是一个吸引粉丝的活动,用创意解决海尔所存在的"二次污染"问题,这些粉丝被称为"创客"。

该活动通过PC端与移动端平台,在全世界进行"创客"招募,围绕"如何解决洗衣机内桶脏"的问题,让创客在互联网平台以图文并茂的形式上传相应的解决方案。

最终由网友评选出的四套方案的"创客",会通过海尔创客带队,获得海外专家指导。这些创客自己动手创造，把自己的"创意"变为真实的"样品机"。

海尔通过这种原本需要自己解决的问题，交给消费者来解决的活动，带来了非常好的互动效果。围绕着主题，消费者充分发挥自己的想象力和创造力，想出"二次污染"问题的解决方案。

从线上转移到线下，海尔洗衣机不但解决了洗衣机"二次污染"的难题，而且聚拢了核心粉丝群，让粉丝成为创客。

其实，海尔"智慧大爆炸，创神快来吧"活动构建了小型的社群圈，圈子是重要的社群组成部分。海尔基于庞大的用户群体，将"创客"与用户吸纳进自己的平台，使创客在平台上进一步完善方案，构建起"创客"社群圈。

2. 基于"创势"的社群

对于海尔而言，进行事件营销，除了打出热点牌借势之外，还能利用新概念的提出以及企业自身公关宣传活动等方式来创势。小微公司的出现，就是一种创势。一种好的"创势"，可以引发群体的关注和追捧。例如：发布新产品、新思想、新方式，都算是"创势"。

只要是创新，就可以引起群众的关注和交流，这就是一种社群经济。人们针对一件事情进行传播、交流，自然会形成一个社群圈子。

海尔为了给多年来都赤裸出现在公众面前的"海尔兄弟"置办"新行头"，在网上开展了新形象征集活动。有意思的是，网上出现了许多版本的海尔兄弟，例如：土豪版、肌肉美男版、Q版等。

"海尔兄弟"新形象活动成为网友热议的话题，各种作品在微博上疯传。这次活动创造了品牌亲近消费者的机会。

人们对海尔兄弟的变装进行讨论，开展创意，这正是一种社群经济的模式。

可口可乐的"定制瓶子"

可口可乐的"定制瓶子"诠释了社群O2O的闭环,从社交媒体的线上定制瓶子,到消费者线下收到定制瓶,然后通过消费者拍照分享,又返回了线上的O2O模式。

在当时,"定制瓶子"的活动受到许多微博用户的关注。

可口可乐推出的"昵称瓶"以及"歌词瓶"系列,蕴含着品牌内涵。可口可乐利用微博平台来搭建属于自己的社群成员,受到了社会化媒体的广泛关注,从而实现了非常棒的社群营销效果。

可口可乐的"歌词瓶",在线上与用户进行交流,询问用户:"不管换了几次手机,无论使用哪个播放器,你都必须要存着的一首歌是_____?"这次交流,获得了241条评论。

在线下,可口可乐的所有瓶子上都印有时下流行曲的一句主打歌词,印在十分醒目的位置。另外,在可口可乐的瓶子上还印有二维码,人们可以通过手机扫描二维码,然后就会出现十分动听的歌声。这增添了用户与"歌词瓶"的互动性。

可口可乐"昵称瓶"和"歌词瓶"等一系列的活动,并非是普通的换装秀。这些换装的变化,可以满足消费者对个性化物质的需求,满足消费者在精神层面追求新鲜和渴望与众不同的内心期望。通过换装,可口可乐聚集了一些热爱"歌词瓶"和"昵称瓶"的用户。

可口可乐通过微博平台和明星相结合,引爆"换装"活动,在短时间内吸引了一批想要购买"定制瓶子"的粉丝。在活动开始之后,第一批购买且收到昵称瓶的网友就主动在微博上进行分享,这使更多的网友了解并且参与了可口可乐的"换装"活动。

可口可乐的消费者主动进行传播,这使许多网络用户参与到"换装活动",还有明星发布微博,消费者和明星的行为,都是社群营销的一种体现。

■ 社群的运作就是价值

2013年5月28日,可口可乐在各大社交网站以官方名义陆续放出22款"昵称瓶"悬念贴海报。海报上没有常见的可口可乐的LOGO,而是有着十分简洁的平面设计。

微博用户根据各自的属性与相应的"昵称瓶"悬念贴海报建立互动,这引发了一场"晒瓶子"的热潮。

在这场换装秀中,可口可乐对于消费者的价值不仅是一瓶饮料,而是好友之间交流的有趣话题。在该活动中,可口可乐本身的实用功能被弱化了,焦点被集中在可乐瓶的讨论上,这也是社群营销的一种体现。

■ 社群营销的本质就是互动

在社群营销这方面，可口可乐在社会化媒体上展开与用户之间的互动，这样可以获得良好的社群互动效果。通过社群互动，可口可乐让用户感受到诚意。

可口可乐并不是把品牌放在高高在上的位置，而是利用资源去包围消费者，这充分体现了社群营销互动的特性。

无论是什么样的企业，在做社群互动营销的时候，首先要滤清品牌个性，并据此设置相应的活动去影响用户。可口可乐选择从官方微博账号发布的内容入手，给可口可乐社群成员留下良好的印象。

那么，应该如何制造良好的印象呢？可以从三方面入手。

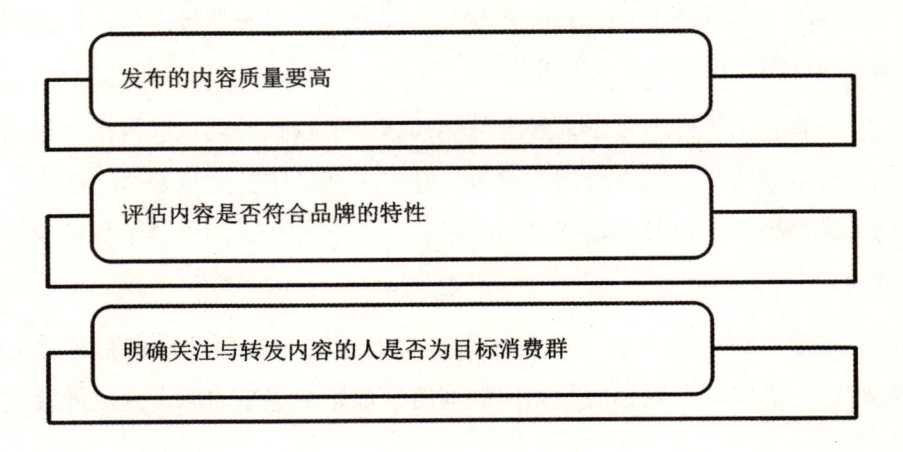

- 发布的内容质量要高
- 评估内容是否符合品牌的特性
- 明确关注与转发内容的人是否为目标消费群

可口可乐会发布一些内容，部分空缺内容需要用户填补。例如：青春时代的记忆，总有一部关于"友谊"的电影让我们印象深刻，你最爱_____？

可口可乐在微博上发布这样的内容，就是在与社群成员进行互动。空缺的内容由社群成员自己来填写，这种互动会使社群成员保持着对可口可乐的喜爱。

可口可乐官方微博每天都需要处理很多琐碎的事情，因此社群互动营销需要一点一滴的积累。对于可口可乐官方微博上的留言，可口可乐的团队会尽量回复。

可口可乐与用户的这种互动，就像朋友之间的沟通。可口可乐的团队会耐心地与社群用户进行一对一的交流。不用花费很多的钱，可口可乐就可以做社群营销，关键在于互动。

■ 触及消费者的内心

若要做好社群营销，企业就要懂得触及消费者的内心。要让社群成员自愿参与品牌互动，并且愿意与朋友分享，只有这样才可以形成话题，使社群营销具有长久的价值。

一直以来，可口可乐都是全球化品牌价值较高的企业。可口可乐的品牌理念并不仅仅是企业拥有品牌，还在于把品牌交给消费者来拥有。这种品牌理念可以触动消费者的心弦，让消费者感受到自己是被企业尊重的。

对于可口可乐而言，社会化媒体上的主页，起初都是由粉丝建立起来的。其实，"昵称瓶"和"歌词瓶"都是把小小的瓶子变成了社交工具。

可口可乐懂得尊重社群成员，洞察社群成员的需求。通过一些数据，可口可乐发现自己的消费主力军是年轻人。因此，可口可乐开始探讨年轻人的生活习惯和态度，融入年轻人的生活圈，有了一定的了解之后，就开始与社群成员进行互动。

对于可口可乐而言，无论是用户在微博上与明星进行话题互动，还是企业自己在社交媒体上晒照片探讨"定制瓶子",其实都是由用户来创造内容。

在互联网不断创新的时代,信息呈现出碎片化的特点。在这个时代,通过社会化媒体平台的搭建,企业进行社群营销,让消费者主动为企业品牌创造内容,这是一种很划算的营销方式。通过消费者的自主参与,可以帮助品牌扩大影响力。加强消费者与品牌深层次的关系,可以使企业融入社群成员的生活。

为了在市场中占有一席之地,今后,可口可乐一定会创造出一些更加有趣的社群互动方法。

一个分享旅行经历的社群——穷游网

2004年，穷游网的创始人肖异在德国留学。为了分享自己的旅行经历，肖异建立了一个"穷游欧洲"的论坛，该论坛的主题围绕在欧洲旅游的心得、攻略等。该论坛经历了一段时间的发展之后，被很多人关注。

2008年，穷游网的创始人肖异把这个论坛当作自己的创业项目，因此才有了如今的穷游网，该网站以社群模式为广大用户提供旅游攻略。

■ 凭借优质内容，由社区转变成社群

2014年，穷游网发展成为国内最具影响力的出境游旅游社区，有着超过4000万社区用户和3000多万移动端APP用户。这种专门的旅游社群营销模式，值得很多企业借鉴。

从社区的内容沉淀，到移动端"穷游"，整个过程是建设移动社群的演变。在"穷游"整个产品的发展过程中，不同时期采用了不同的产品战略，因此才有了如今这个以旅游为核心的大社群圈子。

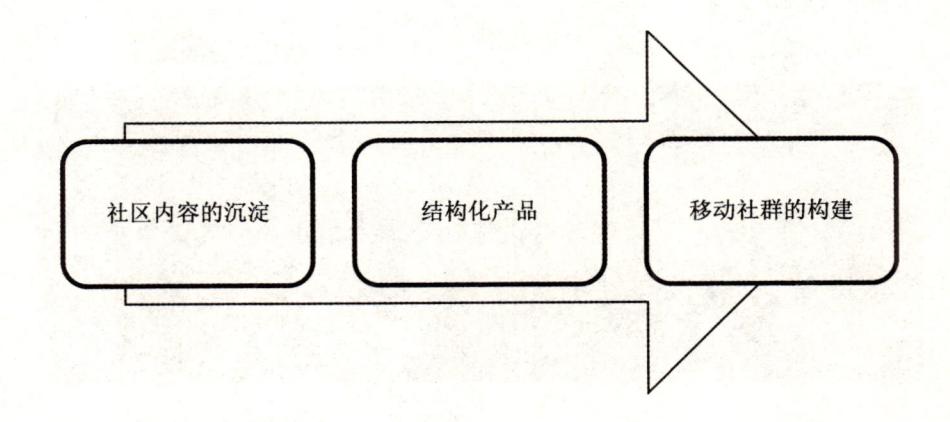

```
┌─────────────┐  ┌─────────────┐  ┌─────────────┐
│ 社区内容的沉淀 │  │  结构化产品   │  │ 移动社群的构建 │ →
└─────────────┘  └─────────────┘  └─────────────┘
```

2004年2月，穷游网论坛诞生了。起初，该论坛主要针对欧洲，由生活在欧洲的网友来负责论坛的日常维护。后来，穷游网逐渐开放了亚洲、非洲以及北美等一些板块。另外，穷游网还陆续上线了旅行社群、游轮以及户外运动等兴趣类板块。

初期的穷游网，海外用户占了很大比例，分享的内容主要以海外的旅行经历为主，大部分内容是用户旅行的用心之作，穷游网社区中生产的内容具有较强的可读性，可以说，穷游网社区是用户海外出游信息获取的集散地。

随着社区用户不断增多，穷游网不断注入新信息，使社区成员越来越多。对于新加入的用户而言，可以获取到的信息很多，这就吸引更多的用户在穷游网逗留。

如今，用户可以在穷游网上获取海外的旅游攻略或者旅游资讯。关于某个洲的旅游攻略，穷游网会以国家作为单位，进行详细的介绍。

2011年12月，穷游网社区增加了很多板块，例如：穷游天下、线上线下、后院等版块。所有的版块都有明确的属性和定位，把社区中的内容结构化，从而形成社群的模式。

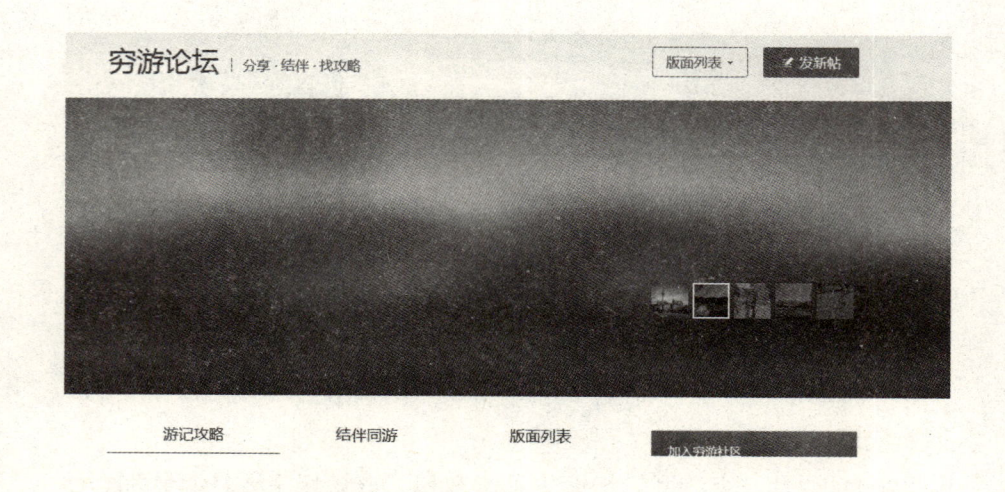

由于用户制造的内容越来越多,穷游网逐渐发展壮大。最初,穷游网只有一个欧洲版块,后来又增添了一些国家版块,还为用户提供了可以交流的版块。无论穷游网增添多少个版块,都是以"旅游"为主题的。穷游网的社群成员是因为"旅游"而聚集在一起的,而穷游网则是围绕"旅游"这个主题来为用户服务的。

■ 多维度产品打造社群

在2010年的时候,穷游网推出中文旅行指南"穷游锦囊",该锦囊主要由在海外生活的人来撰写。初期的"穷游锦囊"采用PDF的格式,使用了由Open Street Map数据再制作的地图,凡是在穷游网注册的用户都可以免费下载。

在当下这个移动互联网时代,流行的是碎片化阅读,人们一般都不会拿着纸质的指南去旅游,大多是拿着一部手机就可以走遍全世界,而穷游网恰恰给用户提供了一个查阅信息的平台。

许多用户都会在"穷游锦囊"上查询旅行目的地的相关信息,不费吹灰之力，就可以获取锦囊妙计。

除了"穷游锦囊"之外，穷游网还推出了"行程助手"以及"最世界·自由行"等产品，这些产品都很实用。

总而言之，穷游网围绕着"旅游"，推出了多维度的产品，打造了一个旅游社群。

■ 核心社群思维

2014年4月，穷游网推出了新版的"穷游APP"，APP的推出为用户提供了更大的方便。穷游社区用户总量不多，但活跃度较高，正是用户的这些特点为穷游网提供了数据支撑。

虽然，庞大的数据量会带来信息干扰，容易使企业偏离产品的核心，但是，穷游APP却没有受到干扰。穷游APP的核心是：把社区价值和工具价值结合起来，为用户提供一体化的服务，让用户可以在短时间内获取正确的信息。

由于穷游APP是移动端的产物，所以能够营造出守住核心的社群思维，这是穷游做社群营销成功的一种体现。

■ 商业化社群

随着人们生活水平的不断提高，"外出旅游"成为人们的一种普遍需求。在旅游类型当中，出境游是比较高端的。

穷游网的精准社群成员就是那些喜欢出境游的人们，从个体用户价值以及群体用户属性来说，这些人是社群形态中消费价值较高的群体。穷游网为这类人群提供服务，这也是社群价值的体现。

当穷游网的用户决定出境游时,会在穷游网查询相关攻略。这类人群是旅游的精准用户,穷游网提供旅游信息,帮助社群成员做出消费决策,社群成员可以通过旅游信息找到自己想要的产品。

就目前的商业化情况来看,在各类旅游网站中,穷游网是很受欢迎的一个网站。经过一段时期的经营,穷游网懂得做好内容沉淀和用户积累,形成与众不同的社群。

在穷游网发展的整个过程当中,创始人和其团队一直保持着对旅游的热爱,对生活方式有着一定的理解。穷游网的创始人能够将自己对于某件事物的热爱变成一项事业,而穷游网在产品定位上也有着准确的方向。在社区形式、移动APP社群以及内容沉淀等多个方面,穷游网都围绕着"旅游"这个核心,给予社群成员需要的内容,构建出高质量的内容社区。